八项规定
何以改变中国

曲青山 著

人民出版社

出版说明

中央党的建设工作领导小组 2025 年 3 月 12 日召开会议指出，党中央决定，自 2025 年全国两会后至 7 月在全党开展深入贯彻中央八项规定精神学习教育。开展深入贯彻中央八项规定精神学习教育，是巩固深化学习贯彻习近平新时代中国特色社会主义思想主题教育和党纪学习教育成果、纵深推进全面从严治党的重要举措，是密切党群干群关系、巩固党的执政基础的必然要求，是推进中国式现代化的有力保障，意义重大而深远。

党的作风就是党的形象，关系人心向背，决定党和国家事业成败。党的十八大以来，以习近平同志为核心的党中央从制定和落实中央八项规定开局破题，坚持自上而下、以上率下，解决了新形势下作风建设抓什么、怎么抓的问题。中央八项规定成为管党治党、全面从严治党的重要抓手，对维护党中央权威、增强党的向心力，对保持党同人民群众的血肉联系，都起到了重要作用。

中共中央党史和文献研究院院长曲青山同志围绕"中央八项规定""加强党的作风建设""全面从严治党""自我革命""群众路线"等，撰写了一系列理论文章。这些文章主题鲜明、脉络清晰、思想深邃，对广大党员干部认真学习领会习近平总书记关于党的自我革命的重要思想，学习关于加强党的作风建设的重要论述，锲而不舍落实中央八项规定精神，推进作风建设常态化长效化，坚持用改革精神和严的标准管党治党，确保党始终成为中国特色社会主义事业的坚强领导核心，推动中国式现代化行稳致远，具有重要帮助和启迪意义。

正是基于上述原因，我社特邀曲青山同志选取其近年来发表的一些文章结集成册，予以出版。我们相信，本书对于读者充分认识开展深入贯彻中央八项规定精神学习教育的重要意义，推动党的作风持续向好，为推进中国式现代化贡献智慧和力量，会有积极的帮助。

人民出版社

2025 年 7 月

目　录

深入贯彻中央八项规定精神的
锐利思想武器

正在全党开展的深入贯彻中央八项规定精神学习教育，把学习贯彻习近平总书记关于深入贯彻中央八项规定精神的重要论述作为重中之重，贯穿学习教育的各方面全过程。开展好学习教育，要从道理、学理、哲理上深化对习近平总书记重要论述的认识和把握，掌握其精神实质和实践要求，不断增强学习贯彻的自觉性。

准确理解习近平总书记重要论述蕴含的深刻道理。习近平总书记强调，"党的根基在人民、血脉在人民、力量在人民"，"党的最大政治优势是密切联系群众，党执政后的最大危险是脱离群众"。马克思主义政党夺取政权不容易，巩固政权更不容易。执政党如果不注重作风建设，听任不正之风侵蚀党的肌体，就有失去民心、丧失政权的危险。制定和落实中央八项规定，坚决反对形式主义、官僚主义、享乐主义和奢靡之风，坚决破除特权思想、特权行为，坚决整治群众身边的腐败和不正之风，既符合加强执政党建设的要求，也符合人民群众的期盼。习近平总书记的重要论述，深刻阐述了党的作风问题的本质和核心，洞察时代变化，顺应社会发展，是对新时代站稳人民立场、筑牢党的执政根基、巩固党的长期执政地位的科学回答。八项规定改变了中国，重塑了党的形象，凝聚了党心军心民心，我们党以作风建设的新气象赢得了人民群众的高度信赖和衷心拥护。

科学认识习近平总书记重要论述蕴含的深邃学理。习近平总书记的重要论述，深刻回答了为什么要制定、如何看待、怎样贯彻中央八项规定的问题，解决了新形势下党的作风建设抓什么、怎么抓的问题。中央八项规定是改进作风的切入口和动员令，是我们党在新时代的徙木立信之举。制定中央八项规定，指导思想就是从严要求，体现党要管党、从严治党。落实中央八项规定要从中央政治局抓起、自上而下推动。中央八项规定是长期有效的铁规矩、硬杠杠，必须常抓不懈、久久为功、化风成俗。习近平总书记的重要论述，是对马克思主义建党理论的丰富和发展，是对新时代党的作风建设实践经验的深刻总结，是习近平总书记关于党的建设的重要思想、关于党的自我革命的重要思想的重要组成部分，在新时代全面从严治党的实践中发挥了强有力的指导作用，彰显了我们党强大真理力量和强大人格力量。

深刻把握习近平总书记重要论述蕴含的深厚哲理。习近平总书记的重要论述，贯穿着马克思主义的立场观点方法，闪耀着辩证唯物主义和历史唯物主义的思想光芒。江山就是人民、人民就是江山。党中央率先垂范、以上率下，抓"关键少数"，作无声示范，拿出恒心和韧劲，从小抓起，以小见大，以小带大，在常和长、严和实、深和细上下功夫。习近平总书记坚持系统观念，坚持问题导向和目标导向相结合，以深邃的战略眼光，通过历史看现实、透过现象看本质，科学把握全局和局部、当前和长远、宏观和微观、主要矛盾和次要矛盾、特殊和一般等一系列重大关系，以小切口撬动大变局，体现了高超的政治智慧和科学的思想方法，为我们指明方向、增强信心、鼓舞力量。

（原载《人民日报》2025 年 5 月 29 日）

新时代加强党的作风建设的
锐利思想武器
——学习习近平总书记关于加强党的
作风建设的重要论述

　　党中央决定，自2025年全国两会后至7月，在全党开展深入贯彻中央八项规定精神学习教育。2025年3月，习近平总书记在贵州、云南考察时，对开展深入贯彻中央八项规定精神学习教育提出明确要求。习近平总书记指出："党中央决定在全党开展深入贯彻中央八项规定精神学习教育，这是今年党建工作的重点任务。各级党组织要精心组织实施，推动党员、干部增强定力、养成习惯，以优良作风凝心聚力、干事创业。"

　　我们党高度重视自身建设，特别强调"办好中国的事情，关键在党"，"党风问题关系党的生死存亡"。党的十八大以来，以习近平同志为核心的党中央，全力以赴大抓党的建设，从加强党的作风建设开局，从制定和落实中央八项规定破题。回顾这段难忘的历程，极不平凡、极不寻常，小切口带来大变化，小切口促成大变局。八项规定一子落地，作风建设满盘皆活，党风政风焕然一新，社风民风持续向好，党在人民心中的形象实现重塑。我们党以作风建设新气象赢得了人民群众的信任和拥护。

伟大实践孕育创新理论，创新理论指导伟大实践，彰显了思想的力量。在推进全面从严治党的实践中，习近平总书记就加强党的作风建设发表一系列重要讲话、作出一系列重要指示批示，形成习近平总书记关于加强党的作风建设的重要论述。这些重要论述是习近平总书记关于党的建设的重要思想、关于党的自我革命的重要思想的重要组成部分，为新时代加强党的作风建设提供了锐利思想武器，也为开展深入贯彻中央八项规定精神学习教育提供了根本遵循。

一、习近平总书记关于加强党的作风建设的重要论述,深刻阐述了加强党的作风建设的重大意义、本质属性和核心要义

党的建设是系统工程,涉及不同的领域和不同的方面。那么,我们党为什么要加强党的作风建设?党的作风建设与党的其他建设是什么关系?党的作风建设在党和人民事业中具有什么样的地位和作用?党的十八大以来,习近平总书记在推进全面从严治党实践中,深刻阐述了新时代加强党的作风建设的重大意义、本质属性和核心要义,对新时代党的作风建设涉及的一系列重大理论和实践问题给予了科学回答。

党的作风关系人心向背,决定党和国家事业成败,这是习近平总书记对新时代加强党的作风建设重大意义的高度概括。党的作风是党的形象,是观察党群干群关系、人心向背的晴雨表。党的作风正,人民的心气顺,党和人民就能同甘共苦。习近平总书记曾指出:"我们党作为秉持共产主义远大理想的马克思主义政党,在近一个世纪的奋斗

历程中，作风状况总的是好的。"在革命战争年代的艰苦岁月里，我们党培育并坚持了党的"三大作风"，这是我们党区别于其他政党的显著标志。我们党之所以能够取得新民主主义革命的胜利，带领人民建立了新中国，原因有很多条，其中重要一条是我们党始终保持同人民群众的血肉联系，最终"用延安作风打败西安作风"。习近平总书记进一步指出："一切事物都处在变化之中，我们党所面临的环境和党的队伍也处在变化之中。特别是党在全国执政以后，党的执政地位给党员、干部队伍带来的变化也十分明显。"作风问题越来越复杂地表现出来。习近平总书记强调："越是改革开放，越是发展社会主义市场经济，越是长期执政，党内形形色色的作风问题越是突出，我们越是要加强作风教育和作风建设。"习近平总书记明确提出，"我们党的执政基础很牢固，但如果作风问题解决不好，也有可能出现'霸王别姬'这样的时刻"；"执政党如果不注重作风建设，听任不正之风侵蚀党的肌体，就有失去民心、丧失政权的危险"。习近平总书记的重要论述振聋发聩啊！

作风问题本质上是党性问题，这是习近平总书记对新时代加强党的作风建设本质属性的精辟阐述。作风反映的是形象和素质，体现的是党性，起决定作用的也是党性，必须在解决作风问题的基础上解决好党性问题，这是改进作风的一个重要着眼点。习近平总书记深刻指出，"衡量党性强弱的根本尺子是公、私二字"，"作风问题有的看起来不大，几顿饭，几杯酒，几张卡，但都与公私问题有联系，都与公款、公权有关系"。习近平总书记强调："抓作风建设，就要返璞归真、固本培元，重点突出坚定理想信念、践行根本宗旨、加强道德修养。"习近平总书记指出："信念是本，作风是形，本正而形聚，本不正则形必散。保持和发扬党的优良作风，坚定理想信念是根本。""对我们共产党人来讲，能不能解决好作风问题，是衡量对马克思主义信仰、对社会主义和共产主义信念、对党和人民忠诚的一把十分重要的尺子。"习近平总书记进一步强调："党性、党风、党纪是有机整体，党性是根本，党风是表现，党纪是保障。"党性、党风、党纪统一于党的建设实践中，三者相互联系、相互促进，共同作用于锻造坚强有力的马克思主义政党。要按照习近平总书记的要求，把开展严肃认真的党内政治生活作为纯洁党风的"净化器"。

作风问题核心是党同人民群众的关系问题，这是习近平总书记对新时代加强党的作风建设核心要义的精准提炼。加强干部作风建设，最重要的是要抓住保持同人民群众的血肉联系这个核心问题。习近平总书记强调："党要继续经受住执政考验、改革开放考验、市场经济考验、外部环境考验，就必须始终密切联系群众。"在任何时候任何情况下，与人民同呼吸共命运的立场不能变，全心全意为人民服务的宗旨不能忘，群众是真正英雄的历史唯物主义观点不能丢，始终坚持立党为公、执政为民。习近平总书记进一步深刻指出："江山就是人民、人民就是江山，打江山、守江山，守的是人民的心。"中国共产党根基在人民、血脉在人民、力量在人民，人民群众有着无尽的智慧和力量。只有始终相信人民，紧紧依靠人民，充分调动广大人民的积极性、主动性、创造性，才能凝聚起众志成城的磅礴之力。习近平总书记明确要求，要始终把人民放在心中最高位置，站稳人民立场，厚植为民情怀，把握新形势下群众工作的特点和规律，带头走好群众路线，把心系群众、情系百姓体现到履职尽责全过程各方面，着力保障和改善民生，及时回应人民群众合理诉求，切实把好事办好、实事办实、难事办妥。习近平总书记重要论述的字里行间，充满着对人民群众的深情厚意和大爱。

二、习近平总书记关于加强党的作风建设的
重要论述，深刻阐述了加强党的作风建设的
重大举措、重点任务和"关键少数"

党的十八大之后，面对党内存在的种种问题和弊端，党要管党怎么管？全面从严治党怎么严？如同老虎吃天，首先要弄清楚从哪儿下口。经过认真思考和深入研究，习近平总书记和党中央断然决定，从作风建设特别是整治党内存在的形式主义、官僚主义、享乐主义和奢靡之风等突出问题抓起，"从小抓起，以小见大，以小带大"，这就找到了突破口，解决了新形势下作风建设抓什么、怎么抓的问题。制定实施中央八项规定，是我们党在新时代的徙木立信之举，成为改变政治生态和社会面貌的标志性举措。党中央率先垂范、以上率下，对全党作风建设起到了带动示范作用。在这个过程中，习近平总书记深刻阐述了新时代加强党的作风建设的重大举措、重点任务和"关键少数"，对新时代如何加强党的作风建设提出了明确要求。

中央八项规定是改进作风的切入口和动员令，是长期

有效的铁规矩、硬杠杠，这是习近平总书记对新时代加强党的作风建设重大举措作出的生动表达。没有规矩，不成方圆。习近平总书记指出："制定这方面的规矩，指导思想就是从严要求，体现党要管党、从严治党。"习近平总书记特别强调："既然作规定，就要朝严一点的标准去努力，就要来真格的。不痛不痒的，四平八稳的，都是空洞口号，就落不到实处，还不如不做。定规矩，就要落实一些已经有明确规范的事情，就要约束一些不合规范的事情，就要规范一些没有规范的事情。规矩是起约束作用的，所以要紧一点。紧一点自然就不舒服了，舒适度就有问题了，就是要不舒服一点、不自在一点，我们不舒服一点、不自在一点，老百姓的舒适度就好一点、满意度就高一点，对我们的感觉就好一点。"习近平总书记还深刻指出："八项规定既不是最高标准，更不是最终目的，只是我们改进作风的第一步，是我们作为共产党人应该做到的基本要求。"习近平总书记一再强调，落实中央八项规定精神是一场攻坚战、持久战。中央八项规定不是只管五年、十年，而是要长期坚持。要拿出恒心和韧劲，继续在常和长、严和实、深和细上下功夫，管出习惯、抓出成效，化风成俗。要发扬钉钉子精神，以踏石留印、抓铁有痕的劲头抓下去，善始善终、善作善成，防止虎头蛇尾，让全党全体人民来监督，让人民群众不断看到实实在在的成效和变化。

持续深化纠治"四风"，这是习近平总书记对新时代加强党的作风建设重点任务给予的突出强调。进入新时代，面对世情、国情、党情的深刻变化，精神懈怠危险、能力不足危险、脱离群众危险、消极腐败危险更加尖锐地摆在全党面前，党内脱离群众的现象大量存在，一些问题还相当严重，集中表现在形式主义、官僚主义、享乐主义和奢靡之风这"四风"上。习近平总书记指出，"在形式主义方面，主要是知行不一、不求实效，文山会海、花拳绣腿，贪图虚名、弄虚作假"；"在官僚主义方面，主要是脱离实际、脱离群众，高高在上、漠视现实，唯我独尊、自我膨胀"；"在享乐主义方面，主要是精神懈怠、不思进取，追名逐利、贪图享受，讲究排场、玩风盛行"；"在奢靡之风方面，主要是铺张浪费、挥霍无度，大兴土木、节庆泛滥，生活奢华、骄奢淫逸，甚至以权谋私、腐化堕落"。习近平总书记尖锐指出，"四风"是违背我们党的性质和宗旨的，是当前群众深恶痛绝、反映最强烈的问题，也是损害党群干群关系的重要根源。习近平总书记要求，解决"四风"问题，要对准焦距、找准穴位、抓住要害，不能"走神"，不能"散光"。反对形式主义，要着重解决工作不实的问题；反对官僚主义，要着重解决在人民群众利益上不维护、不作为的问题；反对享乐主义，要着重克服及时行乐思想和特权现象；反对奢靡之风，要着重狠刹挥霍享乐和骄奢淫逸的不良风气。解决"四风"问题，要从实际出发，抓住主要矛盾，什么问题突出就着重解决什么问题，什么问题紧迫就抓紧解决什么问题，找准靶子，有的放矢，务求实效。习近平总书记强调，"四风"问题具有顽固性、长期性、复杂性，现在压下去了，但如果不较真，如果不防微杜渐，还是会卷土重来的。对"四风"问题及其各种变异表现，必须保持高度警惕，继续把发条拧紧，保持高压态势，寸步不让，一抓到底。要在坚持中见常态，向制度建设要长效，推动社会风气好转。要把刹住"四风"作为巩固党心民心的重要途径，坚决防止产生"疲劳综合征"，对享乐主义、奢靡之风等歪风陋习要露头就打，对"四风"隐形变异新动向要时刻防范，决不允许死灰复燃！决不允许旧弊未除、新弊又生！

各级领导干部要带头转变作风，身体力行，以上率下，这是习近平总书记对新时代加强党的作风建设就"关键少数"提出的明确要求。风成于上，俗化于下。习近平总书记指出："党风廉政建设，关键在领导干部，特别是中央要带头。'上梁不正下梁歪，中梁不正倒下来。'要求别人做到的，自己首先要做到；要求别人不做的，自己首先不做。"凡事都是这样的，上行下效，上率下行，上有所好、下必甚焉，上有所恶、下必不为，上面松一寸、下面松一尺。"人不率则不从，身不先则不信。"习近平总书记指出，在作风建设方面，领导干部带好头是无声的示范。"中央政治局把自身作风建设搞好了，成为全党表率，才能领导好全党的党风廉政建设。"领导机关是国家治理体系中的重要机关，领导干部是党和国家事业发展的"关键少数"，对全党全社会都具有风向标作用。领导机关和领导干部带头冲在前、干在先，是我们党走向成功的关键。习近平总书记要求各级领导干部形成"头雁效应"。要严格自律，注重自觉同特权思想和特权现象作斗争，习惯在受监督和约束的环境中工作生活。他特别强调，领导干部特别是高级干部要管好自身，还要管好家人亲戚、管好身边人身边事、管好主管分管领域风气，在营造风清气正的政治生态、形成清清爽爽的同志关系和规规矩矩的上下级关系、坚持亲清统一的新型政商关系、营造向上向善的社会环境等方面带好头、尽好责。习近平总书记在廉洁自律方面为全党树立了光辉榜样。

三、习近平总书记关于加强党的作风建设的重要论述，深刻阐述了加强党的作风建设的有效途径、重要目的和制度保障

作风建设只有进行时，没有完成时，决不是权宜之计，而是永恒的课题。为了巩固党的作风建设特别是贯彻中央八项规定取得的成果，党的作风建设必须坚持不懈地抓，持之以恒、久久为功；必须不断完善党内法规，建立健全有效管用的体制机制，不断加强制度建设。在这个过程中，习近平总书记深刻阐述了新时代加强党的作风建设的有效途径、重要目的和制度保障，为新时代怎样加强党的作风建设指明了前进方向。

坚持正风肃纪反腐相贯通，这是习近平总书记对新时

代加强党的作风建设有效途径进行的系统谋划。他指出：
"立明规则，破潜规则，必须在党内形成弘扬正气的大气候。
大气候不形成，小气候自然就会成气候。"抓作风是推进党
的建设新的伟大工程的重要切入点和着力点，必须坚持全
面从严治党，落实管党治党责任，把作风建设要求融入党
的思想建设、组织建设、反腐倡廉建设、制度建设之中，
全面提高党的建设工作水平。习近平总书记指出，全面从
严治党，必然要求依规治党与以德治党紧密结合。道德使
人向善，是纪律的必要前提和基础；纪律用来惩恶，是道
德的坚强后盾和保障。要扣紧"廉洁自律"这个主题，坚
持正面倡导、重在立德，重申党的理想信念宗旨、优良传
统作风，展现共产党人高尚道德追求的高标准。要围绕党
纪戒尺要求，开列"负面清单"、重在立规，划出党组织和
党员不可触碰的底线。要真正把纪律和规矩挺在前面，拿
起纪律这把戒尺，既奔向高标准，以人格力量凝聚党心民
心；又守住底线，严格执行党的纪律，决不越雷池一步。
习近平总书记强调，要深化运用监督执纪"四种形态"，特
别是要在用好第一种形态上下功夫。坚持"老虎""苍蝇"
一起打，坚持无禁区、全覆盖、零容忍，坚持重遏制、强

高压、长震慑，强化不敢腐的震慑，扎牢不能腐的笼子，增强不想腐的自觉。要以正风肃纪反腐为重要抓手，把正风肃纪反腐结合起来一起抓，始终坚持严的基调、严的措施、严的氛围，以优良作风作引领，以严明纪律强保障，以反腐惩恶清障碍，推动党的自我革命环环相扣、层层递进，不断在革故鼎新、守正创新中实现自身跨越。不正之风和腐败问题相互交织，是现阶段党风廉政建设和反腐败斗争要着力解决的突出问题。不正之风和腐败问题互为表里、同根同源。不正之风滋生掩藏腐败，腐败行为助长加剧不正之风甚至催生新的作风问题。要坚持正风肃纪反腐相贯通，以"同查"严惩风腐交织问题，以"同治"铲除风腐共性根源，深入推进风腐同查同治。

使党的作风全面纯洁起来，以优良党风带动社风民风向上向善，这是习近平总书记对新时代加强党的作风建设重要目的提出的鲜明实践导向。习近平总书记指出："我们抓作风建设，归根到底，就是希望各级干部都能树立和发扬好的作风，既严以修身、严以用权、严以律己，又谋事要实、创业要实、做人要实。"要从解决"四风"问题延伸开去，努力改进思想作风、工作作风、领导作风、干部生活作风，努力改进学风、文风、会风，加强治本工作，使党员干部不仅不敢沾染歪风邪气，而且不能、不想沾染歪风邪气，使党的作风全面纯洁起来。习近平总书记强调，要坚持纠"四风"和树新风并举，以优良的党风带动民风社风，倡导时代新风。他还提出，要大力弘扬中华民族勤俭节约的优秀传统。在引领社会风尚上，明大德、守公德、严私德，各级领导干部要当好旗帜和标杆，全体党员要发挥先锋模范作用。党员干部尤其是领导干部要带头践行社会主义核心价值观，讲党性、重品行、作表率，带头注重家庭、家教、家风，保持共产党人的高尚品格和廉洁操守，当好良好政治生态和社会风气的引领者、营造者、维护者，以实际行动带动全社会崇德向善、尊法守法。

推进作风建设常态化长效化，这是习近平总书记对新时代加强党的作风建设制度保障提出的根本要求。习近平总书记指出，要注重从制度机制上解决问题，增强贯彻落实制度的执行力。要深化改革、转变职能，从体制机制上堵塞滋生不正之风的漏洞，以改革的办法固化作风建设成果。习近平总书记指出，要强调党委负主体责任。各级党委特别是主要负责同志必须树立不抓党风廉政建设就是严重失职的意识，常研究、常部署，抓领导、领导抓，抓具体、具体抓，种好自己的责任田。各级纪委要履行好监督责任，既协助党委加强党风建设和组织协调反腐败工作，又督促检查相关部门落实惩治和预防腐败工作任务，经常进行检查监督，严肃查处腐败问题。无论是党委还是纪委或其他相关职能部门，都要对承担的党风廉政建设责任进行签字背书，做到守土有责。习近平总书记还强调，要鼓励基层大胆探索实践，努力取得有利于从根本上解决问题、形成长效化体制机制的创新成果。要本着于法周延、于事简便的原则，体现改革精神和法治思维，把中央要求、群众期盼、实际需要、新鲜经验结合起来，努力形成系统完备的制度体系，以刚性的制度规定和严格的制度执行，确保改进作风规范化、常态化、长效化，切实防止"四风"问题反弹。要标本兼治、综合施策，落细落小、到边到底。要改进党员管理机制，完善从严管理监督干部机制，健全正风肃纪常态化机制，完善一体推进不敢腐、不能腐、不想腐工作机制。要用科技手段加强监督，破解"熟人社会"监督难题。习近平总书记对加强党的作风建设的制度保障问题进行了深刻、深入、深邃的思考、设计和谋划。

作风建设永远在路上。2025 年 3 月，习近平总书记在云南考察时指出："党中央已经部署在全党开展深入贯彻中央八项规定精神学习教育，各级党组织和广大党员、干部要自觉增强学习教育的责任感紧迫感，联系全面从严治党的形势任务，联系本地本部门本单位这些年抓作风建设的具体实践，进一步吃透中央八项规定及其实施细则精神，把握相关纪律处分条规，为查摆问题、集中整治打牢思想政治基础。"要深入学习习近平总书记关于加强党的作风建设的重要论述，扎实开展好这次学习教育，弘扬优良作风，在新征程上展现新担当新作为。

（原载《求是》2025 年第 7 期）

八项规定改变中国的历史逻辑

党中央决定，自 2025 年全国两会后至 7 月在全党开展深入贯彻中央八项规定精神学习教育，这是巩固深化学习贯彻习近平新时代中国特色社会主义思想主题教育和党纪学习教育成果、纵深推进全面从严治党的重要举措，是密切联系党群干群关系、巩固党的执政基础的必然要求，是推进中国式现代化的有力保障，意义重大而深远。

一

众所周知，新时代以习近平同志为核心的党中央推进全面从严治党，是从加强党的作风建设、制定和落实中央八项规定开局破题的。一石激起千层浪。"八项规定一子落地，作风建设满盘皆活。"回顾这段难忘的历程，可以说充满艰辛、充满勇毅、充满神奇，极不平凡、极不寻常。

中国共产党是中国工人阶级的先锋队，同时是中国人民和中华民族的先锋队。她在苦难中诞生，在风雨中成长，在浴火中重生，在百炼中成钢，"为人民而生，因人民而兴"，在100多年的奋斗历程中，成为中国人民的大救星，成为中国人民风雨来袭时最可靠的主心骨，成为中国特色社会主义事业的坚强领导核心。中国共产党在中国的领导地位是历史和人民的选择，这是一条被无数历史事实所证明了的真理。同样，"办好中国的事情，关键在党，关键在党要管党、从严治党"。这又是一条被无数历史事实所证明了的真理。

以习近平同志为核心的党中央，全面总结国内外众多政党兴衰成败的历史经验，特别是总结我们党自己成功的历史经验，深入探索共产党执政规律、社会主义建设规律、人类社会发展规律，深刻认识到："马克思主义政党夺取政权不容易，巩固政权更不容易。"党的执政地位不是与生俱来的，是历史的选择、人民的选择。党的执政地位也不是一劳永逸、一成不变的。过去拥有不等于现在拥有，现在拥有不等于永远拥有。如何厚植党的执政基础，巩固党的执政地位，是必须解答好的永恒课题。这是一个十分重要的认识、十分重要的判断和十分重要的结论。这个认识、判断和结论，对我们党推进新时代党的建设新的伟大工程、全面从严治党至关紧要。

党的十八大前的一个时期，由于多种原因，党内普遍存在着党的领导弱化、党的建设缺失、管党治党宽松软现象。这些现象涉及的都是形形色色的党的作风问题。习近平总书记尖锐指出："工作作风上的问题绝对不是小事，如果不坚决纠正不良风气，任其发展下去，就会像一座无形的墙把我们党和人民群众隔开，我们党就会失去根基、失去血脉、失去力量。""执政党如果不注重作风建设，听任不正之风侵蚀党的肌体，就有失去民心、丧失政权的危险。"

党的三大作风，即"理论和实践相结合的作风、和人民群众紧密地联系在一起的作风以及自我批评的作风"，是毛泽东在党的七大上明确概括提出来的，是我们党在新民主主义革命时期形成的优良作风。毛泽东强调，这三大作风是我们共产党人区别于其他任何政党的显著标志之一。

党风即党的作风，就是我们党的各级组织、全体党员在方方面面彰显出的党性原则和党纪要求，是党性的外在表现。人民群众对我们党的认识、评价和评判，就是以党的作风的好坏作为依据的。习近平总书记指出："作风问题根本上是党性问题。作风反映的是形象和素质，体现的是党性，起决定作用的也是党性。"如果党的作风不好，党的形象就好不了，党群干群关系也就好不了，党的群众基础和社会基础就会发生动摇。真可谓"基础不牢，地动山摇"。

二

因此，党的十八大之后，全面从严治党，首先就面临一个"老虎吃天""从哪儿下口"的问题。习近平总书记强调，下口就要真正把那块吃进去、消化掉，不要这吃一嘴那吃一嘴，囫囵吞枣。经过认真思考和研究，党中央断然决定，从制定和落实中央八项规定切入，从作风建设特别是整治党内存在的形式主义、官僚主义、享乐主义和奢靡之风等突出问题抓起，从小抓起、以小见大、以小带大，这就解决了一个新形势下党的作风建设抓什么、怎么抓的问题。由此，我们党拉开了加强党的作风建设的序幕。落实中央八项规定精神，也经历了一个从上到下、以上率下、由近及远、由浅入深、层层推进、环环相扣、标本兼治、综合治理的历史过程。

那么，为什么加强党的作风建设要将纠治"四风"作为重点任务呢？习近平总书记深刻指出："人民群众反对什么、痛恨什么，我们就要坚决防范和纠正什么。""四风"问题就是人民群众反映强烈的突出问题。"作风问题核心是党同人民群众的关系问题。""人们认为习以为常的一些作风问题，往往就是对党的公信力、党的形象带来致命破坏的问题。作风问题绝不是小事，一旦成风，危害巨大。"习近平总书记强调，马克思主义政党执政后特别是长期执政后的最大危险是脱离群众。在改革开放和发展社会主义市场经济的条件下，我们党脱离群众的危险比过去大大增加。"'四风'问题只是表象，根上是背离了党性，丢掉了宗旨。"

纠治"四风"，为什么要抓早抓小？习近平总书记指出："千里之堤，溃于蚁穴。一个人的腐化变质、违法，都是从小的生活问题、吃喝问题、违反八项规定开始的。"很多领导干部一开始都是打擦边球，破坏八项规定，最终演变为大问题。小洞不补，大洞吃苦。

怎样纠治"四风"，如何抓早抓小？习近平总书记强调："党风廉政建设，要从领导干部做起，领导干部首先要从中央领导做起。"党中央率先垂范，领导干部示范带动，把纪律和规矩挺在前面，防微杜渐，一个毛病一个毛病纠治，一个问题一个问题突破，一件一件抓到底，一年一年不松懈。抓了中秋节抓国庆节，抓了国庆节抓新年，抓了新年抓春节，抓了春节抓清明节、抓端午节。从整治"月饼里的奢靡""舌尖上的腐败"，到整治"餐桌上的浪费""车轮上的铺张"，再到整治办公用房和住房超标，等等，持之以恒，久久为功，使之成为一种习惯、一种风气。

习近平总书记还特别强调，要坚持党性党风党纪一起抓，正风肃纪反腐相贯通，深入推进风腐同查同治。因为不正之风和腐败问题互为表里、同根同源。不正之风滋生掩藏腐败，腐败行为助长加剧不正之风甚至催生新的作风问题。要以"同查"严惩风腐交织问题，以"同治"铲除风腐共性根源。

习近平总书记还强调，要推进作风建设常态化长效化。

要建立健全有效管用的体制机制，及时将党的作风建设的有效做法和成功经验上升为制度，增强贯彻落实制度的执行力。

中央八项规定及其实施细则精神的落实，带来了大变化，促成了大变局，取得了大成效。八项规定带来的变化是巨大的、全面的、深刻的，产生的影响是广泛的、持久的、深远的。八项规定重塑了党的形象，改善了党群干群关系，凝聚了党心、军心、民心，锻造了坚强有力的中国共产党。事实充分证明，中国共产党不愧是一个伟大、光荣、正确的马克思主义政党；不愧是一个敢于坚持真理、修正错误、勇于自我革命的党；不愧是一个始终代表中国最广大人民的根本利益、走在时代前列、永远值得人民拥护和信赖的党。

三

八项规定的做法需要坚持，八项规定的经验需要总结，八项规定的成果需要巩固。落实中央八项规定及其实施细则精神没有休止符，党的作风建设永远在路上。习近平总书记深刻指出："落实中央八项规定精神是一场攻坚战、持久战。"作风问题具有反复性和顽固性，不可能一蹴而就、毕其功于一役，更不能一阵风、刮一下就停，必须经常抓、长期抓。要拿出恒心和韧劲，继续在常和长、严和实、深和细上下功夫，管出习惯，抓出成效，化风成俗。

当前国际形势错综复杂，百年变局加速演进，国内改革发展稳定任务繁重艰巨，中华民族伟大复兴处在关键时期。面对日益增多的不确定难预料因素，面对各种风险挑战乃至惊涛骇浪的重大考验，怎样应对？如何抵御？如何克服？一个关系党和国家前途命运的重大问题摆在我们面前。习近平总书记指出："人民是我们党执政的最大底气，是我们共和国的坚实根基，是我们强党兴国的根本所在。"只要我们党植根于人民，同人民想在一起、站在一起、干在一起，任何时候任何情况下都不脱离人民群众，那么，我们就没有克服不了的困难，就没有战胜不了的艰险，就会无往而不胜，永远立于不败之地，就能"踏平坎坷成大道，斗罢艰险又出发"，从而做到"任凭风浪起，稳坐钓鱼船"。

在充分肯定加强党的作风建设、落实中央八项规定取得巨大成效的同时，我们也必须清醒地看到，现实中还存在不少问题，其突出的表现是：部分党员干部有松懈思想和畏难情绪，认为八项规定已经贯彻十多年了，现在可以"喘喘气""歇歇脚"了；有不少基层党组织落实党建工作责任制不深不实，存在着工作漂浮、做表面文章的现象；在一些地方和部门"四风"问题出现了隐形变异，改换了形式和手法，防止死灰复燃与问题反弹，还需要加大力度；由于持续反腐，享乐主义和奢靡之风有所收敛，但形式主义、官僚主义却仍然比较突出，一些地方和部门存在着检查考核过多过频、过度留痕、层层加码现象，为基层减负的问题还任重道远；还有少数领导干部缺乏正确的政绩观，有的还在变相地搞"形象工程""政绩工程"，更有甚者由风及腐，漠视群众疾苦，侵犯群众利益，以权谋私、贪污受贿、徇私枉法；等等。这些现象的存在充分说明，在全党开展深入贯彻中央八项规定精神学习教育，不仅十分及时，也十分必要。

全党必须提高政治站位，把思想认识统一到党中央的决策部署上来。开展学习教育，我们要按照党中央的要求，一体推进学查改，开门听取群众的意见和建议，深入学，精准查，认真改，开门听，坚持问题导向、目标导向、结果导向相统一，深学细悟笃行习近平总书记关于加强党的作风建设的重要论述，认真学习中央八项规定及其实施细则精神，系统总结党的十八大以来深入贯彻中央八项规定精神取得的显著成效，集中整治违反中央八项规定及其实施细则精神的突出问题，运用由风及腐案例加强警示教育。要对标党风要求找差距，对表党性要求查根源，对照党纪要求明举措。要注重群众参与，接受群众监督。要反对形式主义，防止"作秀"走过场。要防止和反对"低级红""高级黑"。要加强制度建设，完善落实中央八项规定及其实施细则精神的各项规章。

我们坚信，只要全党努力，尤其是各级领导干部带好头，有党中央的坚强领导，有全国人民的积极参与、大力支持和严格监督，这次学习教育一定会达到预期的目的，取得应有的成效。

八项规定深刻影响和改变了中国，八项规定必将继续深刻影响和改变中国，而且这种影响和改变将会是持久的、长远的、更为深刻的，对此，我们满怀期待、充满信心。

（原载《新湘评论》2025 年第 7 期）

中央八项规定：激发凝聚起历史性变革力量

作为加强党的作风建设、全面从严治党的重要制度安排，中央八项规定深刻改变了中国，已成为载入史册的大事。习近平总书记在党的二十大报告中，对锲而不舍落实中央八项规定精神、推进作风建设常态化长效化提出明确要求。学习贯彻落实党的二十大精神，有必要全面回顾总结新时代我们党从制定和落实中央八项规定破题，成功开启全面从严治党新篇章的历程，深刻认识其重大现实意义和深远历史意义，以永远在路上的坚定执着继续把中央八项规定精神贯彻好、落实好。

一、一子落而满盘活：中央八项规定
以小切口带来管党治党大变局

　　历史的伟大转折，只有拉长瞭望的镜头、用宏观的视角才能更清楚地看到其发展演变的脉络，也只有透过跨越时空的前后对比，才能更加强烈地感受到发生的巨大变化。2022年是中央八项规定出台的第十个年头。10年前，中国特色社会主义进入新时代，历史的接力棒传递到以习近平同志为核心的党中央手中。我们面对的形势是，改革开放和社会主义现代化建设取得巨大成就，党的建设新的伟大工程取得显著成效，为我们继续前进奠定了坚实基础、创造了良好条件、提供了重要保障，同时一系列长期积累及新出现的突出矛盾和问题亟待解决。其中一个方面，就是党内存在不少对坚持党的领导认识模糊、行动乏力问题，存在不少落实党的领导弱化、虚化、淡化问题，有些党员干部政治信仰发生动摇，一些地方和部门形式主义、官僚主义、享乐主义和奢靡之风屡禁不止，特权思想和特权现象较为严重，一些贪腐问题触目惊心。当时，党内和社会上不少人对党和国家前途命运忧心忡忡。

面对这些影响党长期执政、国家长治久安、人民幸福安康的突出矛盾和问题，习近平总书记突出强调，打铁必须自身硬，办好中国的事情，关键在党，关键在党要管党、全面从严治党。但积弊甚深，沉疴日久，管党治党从哪里抓起，成为考验执政党政治智慧和政治勇气的十分紧迫的现实问题。党中央深刻认识到，全面从严治党必须从人民群众反映强烈的作风问题抓起。制定和落实中央八项规定，就是我们党坚持有的放矢，从人民群众最深恶痛绝、对党的形象损害最大的地方入手，从具体事情抓起，精准发力、直打七寸的有力举措，成功解决了"老虎吃天，无从下口"的问题，迈出了对全党进行革命性锻造的关键一步。

科学理论的指引最有力，领导核心的感召最强大。党的十八大以来，以习近平同志为核心的党中央从巩固党的执政地位、实现党的初心使命的政治和战略高度出发，强调党的作风和形象关系党的创造力、凝聚力、战斗力，决定党和国家事业成败，加强作风建设必须紧扣保持党同人民群众血肉联系这个关键；强调中央八项规定既不是最高标准，更不是最终目的，只是我们改进作风的第一步，是我们作为共产党人应该做到的基本要求；强调要把刹住"四风"作为巩固党心民心的重要途径，对"四风"隐形变异新动向要时刻防范，坚决防止回潮复燃，以系统施治、标本兼治的理念正风肃纪反腐，不断增强党自我净化、自我完善、自我革新、自我提高能力；等等。这些重要论述，深刻回答了作风建设的一系列理论和实践问题，深化了作风建设规律性认识，为我们落实中央八项规定精神并巩固拓展具体成果提供了根本遵循。习近平总书记作为党的核心、人民领袖、军队统帅，始终坚持以身作则、以上率下，始终如一从自身做起、严格自我要求，带头贯彻执行中央八项规定及其实施细则，坚持把改进工作作风、密切联系群众体现在治国理政的各方面，把勤俭节约、务求实效贯穿国内考察调研和国外出访活动全过程。同时严抓中央委员会作风建设，要求中央政治局同志在严于律己上坚持最高标准，各地区各部门党委（党组）履行主体责任，一个节点一个节点坚守、一个阶段一个阶段推进，抓铁有痕、踏石留印，在全党全社会发挥了巨大的示范、引领、激励作用。

中央八项规定作为激浊扬清、涤荡痼疾的切入点和动员令，以小切口推动管党治党发生格局性变化，体现了以习近平同志为核心的党中央"四两拨千斤"的高超政治智慧，充分说明只要发扬讲认真精神就没有共产党人解决不了的难题。正是从制定和落实中央八项规定开局破题，动真碰硬革除"四风"，持之以恒正风肃纪，我们党解决了新形势下作风建设抓什么、怎么抓的问题，进而使管党治党宽松软状况得到根本扭转，推动全面从严治党取得了历史性、开创性成就，产生了全方位、深层次影响。

二、金色名片放光芒：中央八项规定带来的新风正气为新时代伟大变革提供了坚强作风保障

古人说："风俗者，天下之大事也。""求治之道，莫先于正风俗。"风清气正是一个国家、一个民族、一个政党朝气蓬勃、兴旺发达的重要支撑。作为植根中国大地的马克思主义政党，我们党传承弘扬了中华民族数千年来重视敦风化俗、匡扶正气的优良传统，在加强作风建设上付出了不懈努力。特别是改革开放以来，我们党清醒地认识到，

作风建设是摆在我们党面前的一项重大而紧迫的任务。邓小平曾发人深省地说过："风气如果坏下去，经济搞成功又有什么意义？会在另一方面变质，反过来影响整个经济变质，发展下去会形成贪污、盗窃、贿赂横行的世界。"他还强调："抓党风、社会风气好转，必须狠狠地抓，一天不放松地抓，从具体事件抓起。"这种对党风政风关系党和国家生死存亡的深沉忧患意识，贯穿我们党治国理政的全部实践。

进入新时代以来，作风建设呈现出崭新气象。以习近平同志为核心的党中央推动全党以高度政治自觉贯彻落实中央八项规定精神，坚持作风建设不松劲、不停步、再出发，坚持纠"四风"与树新风并举，健全常态长效机制，以好作风、好形象带领人民群众不断开辟"中国之治"新境界。中央纪委国家监委持续公布查处违反中央八项规定精神问题数据，对典型案例指名道姓通报曝光。经过长期努力，全党转作风改作风的思想政治根基不断巩固，思想上更加统一、政治上更加团结、行动上更加一致。群众立场、群众观念、群众感情不断强化，党的执政根基更加坚实。"四风"惯性被有效扭转，干部清正、政府清廉、政治清明的政治生态更加纯净健康。党员干部工作状态、精神状态更加积极向上，奋进新征程、建功新时代的精气神有力提振。党风政风引领社风民风持续向善向上，全社会新风正气不断充盈。

各方面普遍认为，中央八项规定是一场"改变中国"的作风之变，刹住了一些多年未刹住的歪风邪气，解决了许多长期没有解决的顽瘴痼疾，重塑了政治生态，深刻改变了人们的思维方式、工作方式、生活方式。曾几何时，上百个文件管不住一张嘴；如今，中央八项规定深入人心，成为党员干部的行动自觉。"十年磨一剑"，通过中央八项规定带来的洗礼，纪律松弛、作风漂浮状况显著改变，民生领域的"微腐败"以及违规收送礼品礼金、违规吃喝、私车公养等问题得到有效整治，讲排场、比阔气等不良风气和不理性、不文明消费习俗被逐步破除，弄虚作假、欺上瞒下等"潜规则"的生存空间被不断压缩，许多基层干部从繁文缛节、文山会海、迎来送往中解脱出来，清清爽爽的同志关系、规规矩矩的上下级关系、干干净净的政商关系正在形成，作风建设要求有效转化成为民造福的实际行动。总而言之，"四风"荡涤而去，新风扑面而来，党风政风民风焕然一新，党心军心民心高度凝聚，为新时代伟大变革提供了坚强作风保障。

中央八项规定不仅是作风建设的代名词、新时代中国共产党人的一张"金色名片"，更是我们党完成重大使命任务的助推器。比如，面对脱贫攻坚这一全面建成小康社会的底线任务，习近平总书记深入一线，面对面同基层干部和群众聊家常、算细账，了解真扶贫、扶真贫、脱真贫情况，提出全面小康"一个都不能少"，把作风建设贯穿脱贫攻坚全过程，把反对和防止形式主义、官僚主义作为重中之重，动员全党全国全社会力量上下同心、尽锐出战，攻克坚中之坚、解决难中之难。广大党员干部以越是艰险越向前的拼搏精神和顽强作风，打赢了人类历史上规模最大、力度最强的脱贫攻坚战，历史性地解决了绝对贫困问题，创造了人类减贫史上的奇迹。又如，面对突如其来的新冠疫情，党中央坚持人民至上、生命至上，开展了抗击疫情的人民战争、总体战、阻击战。在疫情防控关键时刻，习近平总书记突出强调坚决反对形式主义、官僚主义，让基层干部把更多精力投入疫情防控第一线。广大党员干部在大战大考中经受考验，以优良作风确保各项防疫措施落细落实，最大限度保护了人民生命安全和身体健康，统筹疫情防控和经济社会发展取得重大积极成果，交出了不负党中央重托、不负人民群众期待的满意答卷。

历史和现实都充分证明，新时代以来的伟大变革，中央八项规定和作风建设功莫大焉。中央八项规定带来的新风正气，既是新时代以来伟大变革的重要组成部分，又是引领伟大变革的重要因素。不难设想，如果没有以中央八项规定为切入口的作风建设带来的"蝴蝶效应"，党的面貌、国家的面貌、人民的面貌、军队的面貌、中华民族的面貌，就不可能在短短十几年间发生前所未有的深刻变化，中国共产党和中国人民就不可能创造出新时代中国特色社会主义的伟大成就。

三、锲而不舍镂金石：以跳出治乱兴衰历史周期率的清醒和坚定持之以恒落实中央八项规定精神

党的二十大报告指出：全面建设社会主义现代化国家、全面推进中华民族伟大复兴，关键在党。经过党的十八大以

来全面从严治党，我们解决了党内许多突出问题，但党面临的执政考验、改革开放考验、市场经济考验、外部环境考验将长期存在，精神懈怠危险、能力不足危险、脱离群众危险、消极腐败危险将长期存在。就贯彻落实中央八项规定精神、加强作风建设而言，也仍然存在一些问题和不足，"四风"树倒根存、禁而未绝，高压之下违反中央八项规定精神的行为仍时有发生，有的以形式主义反对形式主义、以官僚主义反对官僚主义，享乐主义和奢靡之风更加隐蔽，有的领域不正之风与腐败问题相互交织，由风及腐、风腐一体，彻底铲除不正之风滋生的土壤还任重道远，抓作风建设只有进行时、没有完成时。

在党的二十大报告中，习近平总书记郑重告诫全党："必须时刻保持解决大党独有难题的清醒和坚定。""大党独有难题"是一个崭新命题，包含诸多内涵，但归结到一点，就是建设什么样的长期执政的马克思主义政党、怎样建设长期执政的马克思主义政党的重大时代课题，就是我们党历史这么长、规模这么大、执政这么久，如何跳出治乱兴衰历史周期率的问题。1945 年，毛泽东在延安的窑洞里给出了第一个答案，这就是"只有让人民来监督政府，政府才不敢松懈"。

经过百余年奋斗特别是党的十八大以来新的实践，习近平总书记再次响亮作答，给出了第二个答案，这就是推进党的自我革命。

从跳出治乱兴衰历史周期率的角度来看，出台和落实中央八项规定、加强作风建设，是新时代中国共产党人把外靠人民民主、接受人民监督，内靠全面从严治党、推进自我革命两个答案贯通起来的重要结合点。中国共产党代表中国最广大人民根本利益，没有任何自己特殊的利益，从来不代表任何利益集团、任何权势团体、任何特权阶层的利益。这是我们党能够自觉接受人民监督，"为人民的利益坚持好的，为人民的利益改正错的"，坚持自我革命的勇气和底气所在。中央八项规定从人民群众反映最强烈的作风问题出发，坚持人民群众反对什么、痛恨什么，就坚决防范和纠正什么，既是我们党立党为公、执政为民，自觉接受人民监督的产物，又是新时代党的自我革命伟大实践的重要标志，彰显了党勇于自我革命的鲜明品格。通过整饬作风，中国共产党赢得了始终保持同人民群众血肉联系、人民衷心拥护、走在时代前列的历史主动。

作风建设永远在路上，全面从严治党永远在路上，党的自我革命永远在路上。现在，我们正意气风发迈上全面建设社会主义现代化国家、向着第二个百年奋斗目标进军的新征程。全面建设社会主义现代化国家，是一项伟大而艰巨的事业，前途光明，任重道远。没有强有力的作风保障，没有全面从严的过硬要求，没有刀刃向内、刮骨疗毒的革命性锻造，就不可能完成以中国式现代化全面推进中华民族伟大复兴的光荣历史使命。前进道路上风险越大、挑战越多、任务越重，越要加强党的作风建设，以好的作风振奋精神、激发斗志、树立形象、赢得民心。党的二十大召开后不久，二十届中共中央政治局即审议通过新修订的贯彻落实中央八项规定实施细则，对作风建设提出更高要求，再次释放出作风建设只有进行时、没有完成时的强烈信号，展现出驰而不息改进作风、把全面从严治党向纵深推进的坚定意志和坚强决心。

习近平总书记在二十届中共中央政治局常委同中外记者见面时指出："新征程是充满光荣和梦想的远征。"在这场伟大远征中，我们要站在跳出治乱兴衰历史周期率的高度，进一步增强贯彻执行中央八项规定精神、加强作风建设的政治自觉、思想自觉、行动自觉，不断把作风建设成效转化为新征程上接续奋斗的强大动力。要牢记中央八项规定不是五年、十年的规定，而是长期有效的铁规矩、硬杠杠，准确把握新形势下反"四风"的规律特点和工作要求，继续在常和长、严和实、深和细上下功夫，管出习惯、抓出成效，化风成俗。要以彻底的自我革命精神打好作风建设持久战、攻坚战、攻心战，把全面从严治党进行到底，确保党永远不变质、不变色、不变味，始终成为中国特色社会主义事业的坚强领导核心，引领和保障"中国号"巨轮朝着光明未来破浪前行。

（原载《中国纪检监察》2022 年第 23 期）

新时代全面从严治党的强大思想武器

——深入学习习近平总书记关于党的
自我革命的重要思想

  党的十八大以来，习近平总书记以伟大的历史主动精神、巨大的政治勇气、强烈的责任担当，在带领全党坚定不移推进全面从严治党的伟大实践中，形成了习近平总书记关于党的自我革命的重要思想。这一重要思想深刻总结党100多年奋斗的历史经验特别是新时代全面从严治党的新鲜经验，对自我革命这一跳出治乱兴衰历史周期率的第二个答案进行全面阐释，深刻回答了我们党"为什么要自我革命""为什么能自我革命""怎样推进自我革命"等重大问题，成为习近平新时代中国特色社会主义思想的重要组成部分，为新时代全面从严治党提供了强大思想武器。

一、习近平总书记关于党的自我革命的重要思想开辟了马克思主义建党学说的新境界

从理论特质看，习近平总书记关于党的自我革命的重要思想是我们党坚持"两个结合"推进理论创新取得的新成果，具有守正创新的鲜明特征。这一重要思想坚持和运用马克思主义建党学说，在溯源中求索、在继承中发展、在守正中创新，以一系列具有原创性、标志性的新理念新思想新战略，标注了我们党对马克思主义政党建设规律、共产党执政规律认识的新高度。

这一重要思想坚守马克思主义的魂脉，创造性回答了马克思主义政党如何在长期执政条件下不变质不变色不变味、永葆先进性和纯洁性的重大课题。勇于自我革命是马克思主义政党区别于其他政党的内在特质和显著标志。马克思主义经典作家没有明确提出系统的自我革命思想，但作为马克思主义哲学基础的唯物辩证法本质上就是"批判的和革命的"，马克思主义科学性、人民性、实践性、开放

性的理论品格，也必然要求无产阶级政党具有自我革命的高度自觉。马克思、恩格斯说过："革命之所以必需，不仅是因为没有任何其他的办法能够推翻统治阶级，而且还因为推翻统治阶级的那个阶级，只有在革命中才能抛掉自己身上的一切陈旧的肮脏东西，才能胜任重建社会的工作。"列宁指出："一个政党对自己的错误所抱的态度，是衡量这个党是否郑重，是否真正履行它对本阶级和劳动群众所负义务的一个最重要最可靠的尺度。"毛泽东把我们党称为"按照马克思列宁主义的革命理论和革命风格建立起来的革命党"，新中国成立后号召全党"要保持过去革命战争时期的那么一股劲，那么一股革命热情，那么一种拼命精神，把革命工作做到底"。改革开放后，邓小平强调要"发扬革命和拼命精神"。我们党深刻认识到，党的先进性和党的执政地位都不是一劳永逸、一成不变的，过去先进不等于现在先进，现在先进不等于永远先进，过去拥有不等于现在拥有，现在拥有不等于永远拥有，并围绕解决好提高党的领导水平和执政水平、提高拒腐防变和抵御风险能力这两大历史性课题进行了不懈努力和探索。

党的十八大以来，习近平总书记科学把握世情国情党情的深刻变化特别是"四大考验""四种危险"的长期性、复杂性、严峻性，对中国共产党是什么、要干什么，过去为什么能够成功、未来怎样才能继续成功等重大问题进行深入总结思考，从坚持改造客观世界与改造主观世界相结合的马克思主义认识论和方法论出发，鲜明提出关于党的自我革命的重要思想。这一重要思想深刻把握我们党既是马克思主义执政党又是马克思主义革命党，深刻揭示"两个伟大革命"的辩证统一关系，从理论和实践的结合上阐明自我革命对于党永葆先进性和纯洁性、巩固长期执政地位的极端重要性，把党的自我革命奠基在党的性质宗旨、初心使命的坚实基础之上，科学回答了推进党的自我革命的根本保证、根本目的、根本遵循、战略目标、主攻方向、有效途径、重要着力点、重要抓手、强大动力等重大问题，展现了党永葆生机活力、走好新的赶考之路的光明前景。

这一重要思想坚守中华优秀传统文化的根脉，在传承弘扬中华文明革故鼎新的精神特质中彰显了新时代中国共产党人的历史主动精神。中国共产党人是马克思主义的坚定信仰者和实践者，也是中华优秀传统文化的忠实传承者和弘扬者。在中华民族丰富的典籍中，关于"革命"的思想和论述屡见不鲜，诸如"汤武革命，顺乎天而应乎人"，"周虽旧邦，其命维新"，"革，去故也；鼎，取新也"，等等。中华优秀传统文化中蕴含的革故鼎新的革新精神、自强不息的奋斗精神、民为邦本的民本思想、反躬自省的政治文化、克己修身的处世哲学、知行合一的实践品格等，都为中国共产党推进自我革命提供了丰润滋养。我们党能够发扬彻底的自我革命精神，很重要的原因就在于马克思主义建党学说与中华优秀传统文化的内在基因相契合，因而能够始终保持"以补过为心，以求过为急，以能改其过为善，以得闻其过为明"的精神底色，在以彻底的唯物主义精神坚持真理、修正错误中，赢得了始终走在时代前列、人民衷心拥护的历史主动。

习近平总书记关于党的自我革命的重要思想，植根中华民族历史文化沃土，把马克思主义建党学说精髓同中华优秀传统文化精华贯通起来，用马克思主义激活中华优秀传统文化中富有生命力的优秀因子并赋予新的时代内涵，将中华民族的伟大精神和丰富智慧更深层次地注入马克思主义，让马克思主义建党学说在新时代中国大地上放射出灿烂的真理光芒。

这一重要思想放眼世界各国执政党特别是马克思主义执政党的兴衰成败，为解决政党自我监督难题、推动人类政治文明发展探索了有效路径。自我监督是世界性难题，是国家治理的"哥德巴赫猜想"。纵观近代以来各国的政党政治，因不能正视或无力解决自身问题导致政党日薄西山乃至人亡政息的例子比比皆是。马克思主义早就深刻揭示了西方资产阶级政党搞多党竞争、轮流执政那一套的欺骗性和虚伪性，但是马克思主义政党在执政后如何有效发现和解决自身问题进而巩固长期执政地位，仍是有待深入探索的重大课题。包括马克思主义政党在内的不少老牌执政党，由于长期处在执政地位、掌控执政资源，逐渐陷入"革别人命容易，革自己命难"的境地，最终衰败落伍、政权垮台，令人感慨也发人深省。习近平总书记深刻指出，"我们要居安思危，时刻警惕我们这个百年大党会不会变得老态龙钟、疾病缠身。对党的历史上走过的弯路、经历的曲折不能健忘失忆，对中外政治史上那些安于现状、死于安乐的深刻教训不能健忘失忆；对自身存在的问题不能反应迟钝，处理动作慢腾腾、软绵绵，最终人亡政息"。

正是基于这样宏阔的历史视野和深沉的忧患意识，

习近平总书记关于党的自我革命的重要思想对世界范围内各种政党特别是马克思主义政党实践经验进行理论总结，探索出一条长期执政条件下解决自身问题、跳出治乱兴衰历史周期率的成功道路。这一重要思想打破了认为靠西方多党轮替、三权鼎立才能解决执政党自身问题的迷思，以无可辩驳的事实证明了中国共产党有决心也有能力刀刃向内、自剜腐肉，有效破解了党长期执政条件下的自我监督难题，为加强马克思主义执政党建设作出了世界性贡献，也为世界政党治理和人类政治文明发展提供了中国智慧和中国方案。

二、习近平总书记关于党的自我革命的重要思想引领全党开创了新时代管党治党新局面

习近平总书记关于党的自我革命的重要思想是在新时代中国共产党管党治党的历史进程中产生的，又为推进全面从严治党提供了科学指引和根本遵循。全面从严治党作为新时代党的自我革命的伟大实践，一个鲜明特点就是从

严从实。党的十八大以来，以习近平同志为核心的党中央以坚定决心、顽强意志、空前力度推进全面从严治党，持续强化严的基调、严的措施、严的氛围，推出一系列务实管用的硬招、实招、真招，打出了一套自我革命的"组合拳"。

抓思想从严，坚持不懈用习近平新时代中国特色社会主义思想凝心铸魂，党团结统一的思想基础更加牢固。坚持思想建党和制度治党同向发力，组织开展党的群众路线教育实践活动、"三严三实"专题教育、"两学一做"学习教育、"不忘初心、牢记使命"主题教育、党史学习教育、学习贯彻习近平新时代中国特色社会主义思想主题教育、党纪学习教育等党内集中教育，用党的创新理论武装全党。广大党员干部对"两个确立"决定性意义的认识更加深刻，"四个意识"更加牢固、"四个自信"更加坚定、"两个维护"更加自觉，我们这个拥有1亿多名党员的马克思主义政党更加团结统一。

抓管党从严，以党的政治建设统领各方面建设，管党治党责任层层压紧压实。党的政治建设是党的根本性建设，全面从严治党首先要从政治上看。以习近平同志为核心的党中央把"保证全党服从中央，坚持党中央权威和集中统一领导"作为党的政治建设的首要任务，明确党的领导制度是我国的根本领导制度，系统完善党的领导制度体系，建立健全党中央对重大工作的领导体制，从制度上保证党的领导全面覆盖、党中央集中统一领导更加坚强有力。坚持全面从严治党从党中央做起、从高级干部严起，以上率下、逐级压实责任，推动各级党组织和党员干部知责于心、担责于身、履责于行，确保全面从严治党政治责任落到实处。

抓执纪从严，坚持把纪律规矩挺在前面，党的政治纪律和政治规矩更加严明。把"两个维护"作为党的最高政治原则和根本政治规矩，强化政治纪律和组织纪律，带动各项纪律全面严起来。坚持尊崇党章、依规治党，形成比较完善的党内法规体系。深化运用"四种形态"，推动党员干部坚守底线、向高标准努力。在全党开展党纪学习教育，引导党员干部学纪、知纪、明纪、守纪，不断增强政治定力、纪律定力、道德定力、抵腐定力，坚决杜绝"七个有之"，切实做到"五个必须"，党依靠纪法制度约束推进管党治党的能力极大增强。

抓治吏从严，坚持新时代党的组织路线，党的组织体系更加健全严密。明确新时代好干部标准，树立正确选人用人导向，纠正选人用人不正之风。全面推进中央和国家机关、地方以及基层党组织建设，持续整顿软弱涣散党组织，完善管思想、管工作、管作风、管纪律的从严管理制度，推动党的组织体系高效运转、促进党员干部自律过硬。管党治党从"惩治极少数"走向"管住绝大多数"，党组织政治功能、组织功能有力强化，党的先锋队作用充分发挥、政治本色充分彰显。

抓作风从严，锲而不舍落实中央八项规定精神，以党风政风带动社风民风向上向善。党的十八大以来，习近平总书记身体力行、以上率下狠抓作风建设，中央政治局带头立规矩，从制定和落实中央八项规定这个"小切口"破题开局，推动形成正风肃纪、激浊扬清、刷新吏治的大变局。党中央发扬钉钉子精神，一个节点一个节点坚守、一个问题一个问题解决，持之以恒纠治"四风"，坚决反对特权思想和特权现象，着力解决群众反映强烈、损害群众利益的突出问题，持续整治形式主义为基层减负，刹住了一些过去被认为不可能刹住的歪风，纠治了一些多年未除的顽瘴痼疾，作风建设成为全面从严治党的金名片。

抓反腐从严，一体推进不敢腐、不能腐、不想腐，反腐败斗争取得压倒性胜利并全面巩固。腐败是党长期执政的最大威胁。以习近平同志为核心的党中央以"得罪千百人、不负十四亿"的使命担当"打虎""拍蝇""猎狐"，开展史无前例的反腐败斗争，不断强化不敢腐的震慑，扎紧不能腐的笼子，构筑不想腐的堤坝。加强对权力运行的制约和监督，完善党和国家监督体系，构建以党内监督为主导、各类监督贯通协调的机制。通过雷霆万钧惩治腐败、利剑高悬强化监督，消除了党、国家、军队内部存在的严重隐患，确保党和人民赋予的权力始终用来为人民谋利益。

实践充分证明，严才能治得住，实才能有成效。正是因为以习近平同志为核心的党中央始终坚持以严的纪律、严的要求、严的标准一严到底，以实的作风、实的工作、实的目标一实到底，始终敢于真刀真枪、动真碰硬，始终做到抓铁有痕、踏石留印，把从严从实贯穿管党治党全过程和各方面，推动了全面从严治党取得历史性、开创性成就，产生了全方位、深层次影响。经过不懈努力，党找到了自我革命这一跳出治乱兴衰历史周期率的第二个答案，自我净化、自我完善、自我革新、自我提高能力显著增强，风清气正的党内政治生态不断形成和发展，党在革命性锻造中更加坚强有力。作为新时代全面从严治党实践创新、理论创新、制度创新的高度凝练和系统集成，习近平总书记关于党的自我革命的重要思想深刻揭示了以中国共产党之治开创中国之治新境界的核心密码和内在机理，指引百年大党开辟了自我革命的新境界。

三、以习近平总书记关于党的自我革命的重要思想为指引，把新征程全面从严治党向纵深推进

全面从严治党永远在路上，党的自我革命永远在路上。习近平总书记关于党的自我革命的重要思想明确提出"九个以"的实践要求，使党的自我革命的目标指向更加清晰、战略举措更加严密，为推进党的自我革命提供了行动指南。新征程上，只有准确把握"九个以"的实践要求，坚持用改革精神和严的标准管党治党，注重各个方面和要素有机衔接、系统联动，才能推动全面从严治党向纵深发展。

以坚持党中央集中统一领导为根本保证。维护党中央集中统一领导，彰显着推进自我革命的最高政治原则，决定着全面从严治党的正确政治方向，是一个成熟的马克思主义执政党的重要体现。只有坚持党中央集中统一领导，才能确保全党在政治立场、政治方向、政治原则、政治道路上同党中央保持高度一致，推动全党团结成"一块坚硬的钢铁"。新征程上推进党的自我革命，必须更加深刻领悟"两个确立"的决定性意义，把维护党中央集中统一领导落实到增强"四个意识"、坚定"四个自信"、做到"两个维护"的自觉行动上，确保党的自我革命始终沿着正确方向前进。

以引领伟大社会革命为根本目的。党的自我革命与伟大社会革命是辩证统一的。伟大社会革命锻造和成就伟大的党，党的自我革命保障和推动伟大的事业。新时代伟大社会革命涵盖领域的广泛性、触及利益格局调整的深刻性、涉及矛盾和问题的尖锐性、突破体制机制障碍的艰巨性、进行伟大斗争形势的复杂性，都是前所未有的，对党的自我革命也提出了前所未有的新要求。新征程上推进党的自我革命，必须紧紧围绕以中国式现代化全面推进强国建设、民族复兴伟业来谋划、来展开，使党的自我革命更好服从服务于党的中心任务。

以习近平新时代中国特色社会主义思想为根本遵循。没有革命的理论，就没有革命的行动。党的自我革命的自觉程度、能力水平、实际成效，与理论武装的广度和深度密切相关。在新时代伟大变革中，习近平新时代中国特色社会主义思想指引中国共产党之治开创新局面、推动中国之治形成新气象，成为引领党的自我革命、推动伟大社会革命的行动指南。新征程上推进党的自我革命，必须坚持不懈用习近平新时代中国特色社会主义思想凝心铸魂，淬炼自我革命思想武器，使全党始终保持统一的思想、坚定的意志、协调的行动、强大的战斗力。

以跳出治乱兴衰历史周期率为战略目标。跳出治乱兴衰历史周期率问题，是关系党千秋伟业的重大问题，关系党的生死存亡，关系我国社会主义制度的兴衰成败。把跳出治乱兴衰历史周期率作为自我革命的战略目标，体现了我们党深远的战略考量。习近平总书记指出："只要马克思主义执政党不出问题，社会主义国家就出不了大问题，我们就能够跳出'其兴也勃焉，其亡也忽焉'的历史周期率。"

新征程上推进党的自我革命，必须聚焦跳出治乱兴衰历史周期率这个战略目标，及时清除侵蚀党的健康肌体的病毒，及时消除损害党的执政根基的各种隐患，不断巩固党的长期执政地位。

以解决大党独有难题为主攻方向。大党大国，既是我们办大事、建伟业的优势，也使我们治党治国面对很多独有难题。解决好大党独有难题，是实现新时代新征程党的使命任务必须迈过的一道坎，是全面从严治党适应新形势新要求必须啃下的硬骨头。只有时刻保持解决大党独有难题的清醒和坚定，以彻底的自我革命精神检视自身，才能更好肩负起党的历史使命。新征程上推进党的自我革命，必须坚持问题导向，保持战略定力，标本兼治、综合施策、协同发力、锲而不舍、久久为功，积小胜为大胜，在不断解决大党独有难题中彰显大党优势。

以健全全面从严治党体系为有效途径。全面从严治党体系是一个内涵丰富、功能完备、科学规范、运行高效的动态系统。只有整体地而不是局部地、系统地而不是零碎地、持久地而不是短暂地、高标准地而不是一般化地推进全面从严治党，形成布局合理、内容科学、要素齐备、统一高效的全面从严治党体系，才能把我们党建设好。新征程上推进党的自我革命，必须紧扣新时代党的建设总要求，坚持内容上全涵盖、对象上全覆盖、责任上全链条、制度上全贯通，坚持制度治党、依规治党，进一步形成依靠党的自身力量发现问题、纠正偏差、推动创新、实现执政能力整体性提升的良性循环。

以锻造坚强组织、建设过硬队伍为重要着力点。党的力量来自组织。党推进自我革命，要以严密的组织体系为基础，以强大的领导力、组织力、执行力作保障。党的组织和党的工作全覆盖，党中央一声令下，全党闻令而动，这是世界上任何其他政党都不具有的强大优势。新征程上推进党的自我革命，必须深入贯彻新时代党的组织路线，完善上下贯通、执行有力的组织体系，增强党组织的政治功能和组织功能，坚持新时代好干部标准，使广大党员干部真正做到忠诚、干净、担当。

以正风肃纪反腐为重要抓手。端正作风、严肃纪律、反对腐败，是我们党一贯坚持的鲜明政治立场，是党自我革命必须长期抓好的重大政治任务。习近平总书记指出，"党风问题关系执政党的生死存亡"，"反腐败是最彻底的自我革命"。正风肃纪反腐辐射范围广、震慑威力大、带动效应强，对推进党的自我革命有着不可替代的重要作用。新征程上推进党的自我革命，必须把正风肃纪反腐结合起来一起抓，以优良作风作引领、以严明纪律强保障、以反腐惩恶清障碍，推动党的自我革命环环相扣、层层递进。

以自我监督和人民监督相结合为强大动力。我们党全面领导、长期执政，面临的最大挑战是对权力的监督。历史和现实表明，自我监督越主动、越深入、越有力，人民监督越广泛、越经常、越充分，党自身存在的问题就解决得越迅速、越彻底。只有正确把握自我监督和人民监督的辩证关系，实现两者有机统一，才能不断推动党的自我革命开创新局面。新征程上推进党的自我革命，必须强化党的自我监督，自觉接受人民监督，把党内监督同国家机关监督、民主监督、司法监督、群众监督、舆论监督贯通起来，实现自律和他律良性互动、相得益彰。

总之，"九个以"的实践要求，既有战略安排又有工作部署，既有认识论又有方法论，既有祛病之法又有强身之道，构成了一个相互联系、逻辑严密、系统完备的有机整体。我们要坚持解放思想、实事求是、与时俱进、守正创新，学深悟透习近平总书记关于党的自我革命的重要思想，切实把党的自我革命实践要求落到实处，确保党始终成为中国特色社会主义事业的坚强领导核心。

（原载《求是》2024 年第 24 期）

为推进党的伟大事业提供
坚强纪律保证

纪律是党的生命线，纪律严明是党的光荣传统和独特优势，也是我们党有力量的表现和具有强大凝聚力战斗力的原因所在。在全党开展党纪学习教育，是以习近平同志为核心的党中央作出的重大决策部署，是加强党的纪律建设、推动全面从严治党向纵深发展的重要举措，对保持党的先进性和纯洁性，确保党永远不变质、不变色、不变味，对增强党的创造力、凝聚力、战斗力，保证全党政治统一、思想统一、行动统一，具有极其重要的现实意义。

一、加强纪律建设是全面从严治党的治本之策，是全党统一意志、统一行动、步调一致前进的重要保障

党要管党、全面从严治党，就要靠严明的纪律和规矩。我们党有 1 亿多名党员，在一个幅员辽阔、人口众多的发展中大国执政，如果没有铁的纪律，就没有党的团结统一，党的凝聚力和战斗力就会大大削弱，党的领导能力和执政能力就会大大削弱。习近平总书记指出，加强纪律建设是全面从严治党的治本之策。要把纪律建设摆在更加突出的位置，坚持纪严于法、纪在法前，把纪律和规矩挺在前面。党面临的形势越复杂、肩负的任务越艰巨，就越要加强纪律建设、越要维护党的团结统一，确保全党统一意志、统一行动、步调一致前进。

加强党的纪律建设是马克思主义政党的本质属性和内在要求。纪律严明是马克思主义政党的重要建党原则，是维护党的团结和集中统一的必然要求。早在无产阶级政党创建之初，马克思、恩格斯就高度重视党的纪律问题。马

克思、恩格斯指出："为了保证革命的成功，必须有思想和行动的统一。"马克思在写给恩格斯的信中强调："我们现在必须绝对保持党的纪律，否则将一事无成。"列宁为创建布尔什维克化的俄国无产阶级政党进行了不懈的努力，并且同孟什维克无组织无纪律的建党主张进行了坚决斗争。他深刻指出："无产阶级政党的内部就必须实行极严格的集中和极严格的纪律。""如果我们党没有极严格的真正铁的纪律……那么布尔什维克别说把政权保持两年半，就是两个半月也保持不住。"无产阶级政党通过严格的纪律，将一个个党员组织起来，就会形成统一的行动，进而变成整个阶级的意志，产生改造世界的巨大物质力量。俄国十月革命的胜利，中国革命、建设、改革的成功和取得的巨大成就，都深刻地说明了这个道理。

中国共产党是靠革命理想和铁的纪律组织起来的马克思主义政党，纪律严明是我们党的光荣传统和独特优势。早在延安时期，毛泽东就指出，"路线是'王道'，纪律是'霸道'"，"纪律是执行路线的保证"，这两者都不可少。他特别强调，纪律是铁的，比孙行者的金箍还厉害，还硬，"身为党员，铁的纪律就非执行不可"。改革开放之初，面对西方腐朽思想文化的侵蚀和影响，邓小平指出，"我们这么大一个国家，怎样才能团结起来、组织起来呢？一靠理想，二靠纪律"，"必须严格地维护党的纪律，极大地加强纪律性"。在改革开放的推进过程中，我们党反复强调加强党的纪律建设的重要性。江泽民指出，"要把整顿和加强党的纪律，作为全面加强党的建设的一个重大问题抓紧抓好"。胡锦涛指出，"党面临的形势越复杂，肩负的任务越艰巨，就越要加强党的纪律建设，越要维护党的集中统一"。

纵观党的全部历史，用铁的纪律教育、规范、约束党员干部，是贯穿党的历史的一条红线。创建红军时期，我们党颁布了"三大纪律，六项注意"的纪律规定，使党领导下的军队成为新型的人民军队。为总结长征中张国焘分裂活动的深刻教训，党作出了"四个服从"的纪律规定，成为全党必须遵守的纪律要求。解放战争时期，我们党建立请示报告制度，强调"加强纪律性，革命无不胜"，为取得解放战争的胜利提供了坚强的政治保证。新中国成立后，我们党坚定不移加强纪律建设，严肃查处刘青山、张子善贪污案，教育和挽救了一大批违纪违法的党员干部。改革开放后，我们党进行全面整党，多次开展集中教育活动，纯洁党的组织，整肃党的纪律，制定出台一系列党内法规，推动党的纪律建设不断走向科学化、规范化。100多年来，我们党之所以能够经受住各种风险考验，战胜这样那样的困难和挑战，一个重要因素和关键原因就是始终高度重视纪律建设，以严明的纪律保证了党的团结和统一，保持了党的高度凝聚力和强大战斗力。

加强党的纪律建设是新时代党的建设新的伟大工程取得卓著成效的有效做法和成功经验。党的十八大以来，以习近平同志为核心的党中央把纪律建设纳入新时代党的建设总要求，摆在全面从严治党的突出位置，不断严明政治纪律和政治规矩，带动各项纪律全面从严，推动党在革命性锻造中更加坚强有力。习近平总书记强调，"党要管党、从严治党，靠什么管，凭什么治？就要靠严明纪律"，"纪律严明是加强和规范党内政治生活的内在要求和重要保证"，"加强纪律建设是全面从严治党的治本之策"，要"全面加强党的纪律建设"。面对一度出现的管党乏力、治党不严问题，面对党内存在的不少落实党的领导弱化、虚化、淡化、边缘化问题，面对一个时期形式主义、官僚主义、享乐主义和奢靡之风盛行蔓延问题，党中央坚持多管齐下、多措并举，从健全完善制度、开展纪律教育、狠抓执纪监督、养成纪律自觉四个方面协同发力，切实把纪律和规矩挺起来、立起来、严起来，推动全面从严治党任务真正落实落地。党中央先后部署开展了8次党内集中教育，每一次都包含了党的纪律的内容。新时代全面从严治党的实践经验充分表明，用严明的纪律管党治党，是我们党保持先进性和纯洁性的鲜明标志，是党长期执政、永远执政的根本保障。加强党的纪律建设十分重要、很有必要，必须常抓不懈、久久为功。

加强党的纪律建设是应对未来风险挑战的迫切需要和重要任务。办好中国的事情，关键在党。在以中国式现代化全面推进强国建设、民族复兴伟业的新征程上，我们党面临形势的复杂性和严峻性、肩负任务的繁重性和艰巨性都世所罕见、史所罕见。今后一个时期，我们将面对更多逆风逆水的外部环境，风险挑战将会巨大而频繁。如果全党没有统一的思想、统一的意志、统一的行动，必定一事无成，甚至会一败涂地。全党统一的思想、统一的意志、统一的行动，靠什么来铸就，靠什么来维护，靠什么来巩固，不是靠棍棒，不是靠刀枪，而是靠纪律，靠遵守纪律的行动自觉。党的十八大以来，我们党坚定不移推进全面从严治党，党的纪律建设取得显著成效。但由于种种原因，仍然存在一些不可忽视的问题。有的党组织和领导班子对党的纪律建设不重视，导致所在地方和单位纪律松弛、问题频发；一些党员干部纪律意识淡薄，不学纪、不知纪、不明纪、不守纪，有的在受到处理的时候都不知道自己错在哪里、违反了哪条纪律；有的甚至把严格监督执纪同担当作为对立起来，以约束太多太严为不担责不干事开脱。这些问题的存在，严重损害了党的形象，影响了党群、干群关系，影响了党和政府的公信力，阻碍了党和人民事业的健康发展。新征程上，只有坚持问题导向，推动各级党组织和党员干部把遵守纪律作为必修课、常修课，在学习和掌握、维护和执行党的纪律上见真章、见实效，真正把党的纪律内化于心、外化于行，才能形成强大的合力，从而团结带领全国各族人民、团结海内外中华儿女，汇聚起全面推进中国式现代化、实现中华民族伟大复兴中国梦的磅礴力量。

二、以开展党纪学习教育为契机，把纪律建设摆在更加突出的位置，使全党自觉用党规党纪校正思想和行动

加强党纪学习教育是党员干部严守党的纪律的必要条件，是加强党的纪律建设、推动全面从严治党向纵深发展的重要举措。党中央决定，这次党纪学习教育，学习的主要内容是新修订的《中国共产党纪律处分条例》（以下简称《条例》），旨在从学纪入手，推动各级党组织和领导班子从严抓好党的纪律建设，推动广大党员干部强化遵守纪律的自觉，以严明的纪律确保全党坚定自觉同以习近平同志为核心的党中央保持高度一致，统一思想、统一行动，知行知止、令行禁止，形成推进中国式现代化的强大动力和合力。

《条例》是我们党关于党的纪律和纪律处分的基本法规，对违反党的纪律的具体行为和相应处分作出了全面系统的规范。这既为党组织和党员划出行为底线、列出"负面清单"，也为党组织开展纪律监督、实施纪律处分提供了基本

依据，体现了党规党纪的严肃性和刚性，对于维护党章和其他党内法规，严肃党的纪律，纯洁党的组织，保障党员民主权利，教育党员遵纪守法，维护党的团结统一，保证党的理论、路线、方针、政策、决议和国家法律法规的贯彻执行发挥着重要作用。

《条例》于 1997 年 2 月试行，2003 年 12 月修订后正式颁布实施。党的十八大以来，在党中央坚强领导下，《条例》不断健全完善，先后于 2015 年、2018 年、2023 年 3 次修订。其中，2015 年的修订修改幅度最大。那次修订把党章、党中央的纪律要求以及其他党内法规的纪律规定，整合为六项纪律，即政治纪律、组织纪律、廉洁纪律、群众纪律、工作纪律和生活纪律，突出政治纪律和政治规矩，坚持纪严于法、纪在法前、纪法分开。2018 年、2023 年的两次修订，在保持总体稳定的基础上，与时俱进对一些重点问题及时完善。2018 年的修订，增写"以习近平新时代中国特色社会主义思想为指导""两个维护"等重要内容，实践中普遍运用的监督执纪"四种形态"得以体现，纪法衔接条款更加完善。2023 年修订后的《条例》与 2018 年的《条例》相比，新增 16 条，修改 76 条。

《条例》共 3 编 11 章 158 条。第一编总则，共 5 章 48 条，主要规定纪律处分的指导思想、总体要求、基本原则、适用范围、运用规则等，是《条例》的基础性部分，具有统领性。第二编分则，共 6 章 106 条，分别规定了对违反六项纪律行为的处分。第三编附则，共 4 条，主要包括制定补充规定的权限、条例的解释机关、条例的实施时间、溯及力等内容。

六项纪律是《条例》的主干部分和可操作的具体内容。

在六项纪律中打头的、排在首位的是政治纪律。政治纪律是各级党组织和全体党员在政治方向、政治立场、政治言论、政治行为方面必须遵守的规矩，是维护党的团结统一的根本保证。习近平总书记强调："政治纪律和政治规矩是党最根本、最重要的纪律，遵守政治纪律和政治规矩是遵守党的全部纪律的基础。"遵守政治纪律，必须深刻领悟"两个确立"的决定性意义，坚决做到"两个维护"，做政治上的明白人。

组织纪律是规范和处理党的各级组织之间、党组织与党员之间以及党员与党员之间关系的行为准则，是维护党的集中统一、保持党的战斗力的重要条件。遵守组织纪律，必须坚持民主集中制原则，贯彻落实新时代党的组织路线，自觉执行组织决定，服从组织安排，反对好人主义。

廉洁纪律是党的各级组织和全体党员为确保清正廉洁，在从事公务活动或者其他活动中应当遵守的廉洁用权行为规则。遵守廉洁纪律，必须做到公私分明、秉公用权，反对特权思想和特权现象，反对任何滥用职权、谋取私利的行为，保持清正廉洁。

群众纪律是党的各级组织和全体党员坚持以人民为中心的发展思想和处理党群关系时必须遵守的行为规则。遵守群众纪律，必须自觉践行党的根本宗旨，走好新时代党的群众路线，密切党群、干群关系，维护广大人民群众的根本利益，认真解决损害群众利益的突出问题。

工作纪律是党的各级组织和全体党员在党的各项工作中必须遵守的行为规则，是党的各项工作正常开展的重要保证。遵守工作纪律，必须反对形式主义、官僚主义，求真务实、真抓实干、担当作为，为党和人民履好职、尽好责。

生活纪律是党员在日常生活和社会交往中应当遵守的行为规则，涉及党员个人品德、家庭美德、社会公德等方面，关系党的形象。遵守生活纪律，必须自觉践行社会主义核心价值观，明大德、守公德、严私德，注重家庭家教家风。

《条例》具有六个鲜明特点：一是政治性，学习贯彻《条例》，要深刻领悟"两个确立"的决定性意义，坚决做到"两个维护"；二是思想性，学习贯彻《条例》，要坚持以习近平新时代中国特色社会主义思想为指导；三是人民性，学习贯彻《条例》，要坚持以人民为中心的发展思想；四是严肃性，学习贯彻《条例》，要坚持党要管党、全面从严治党；五是针对性，学习贯彻《条例》，要坚持系统观点和问题导向；六是实践性，学习贯彻《条例》，要一切从实际出发。

三、切实推动党纪学习教育取得实实在在的成效，引导党员干部真正把纪律规矩转化为政治自觉、思想自觉、行动自觉

党中央对这次党纪学习教育的目标要求、工作安排、组织领导都作出明确规定、提出明确要求。习近平总书记

就党的纪律问题多次发表重要讲话、作出重要指示批示，为全党开展党纪学习教育提供了重要遵循。我们要认真学习领会、全面贯彻落实。

认真学纪。学纪是基础。只有认真学纪，才能更好地知纪、明纪、守纪。原原本本学。把个人自学与集中学习结合起来，通过党委（党组）理论学习中心组集体学习、举办读书班、党支部"三会一课"、主题党日等方式，逐章逐条学习《条例》。沉下心来，一句一句读、一条一条学、一点一点悟，推动《条例》入脑入心。以上率下学。身体力行是最有效的示范，以上率下是最有力的引导。党的领导机关，党员领导干部，党的基层组织的书记、委员，纪委书记、纪检委员应当带头学习，先学一步、多学一点、学深一层，作出表率。联系实际学。党员干部学习《条例》，应当紧密结合实际，把自己摆进去、把职责摆进去、把工作摆进去，自觉对照《条例》各项规定进行检查，深入进行自我剖析，认真开展批评和自我批评。警示明纪学。通过召开警示教育会，把典型案例作为以案说德、以案说纪、以案说法、以案说责的"活教材"，教育引导党员干部受警醒、明底线、知敬畏；善于用身边事教育身边人，用好违纪违法干部警示录、忏悔录、警示教育片以及警示教育基地等资源，强化警示震慑，推动以案促改促治。培训办班学。做好解读和培训工作，帮助党员干部深刻理解、准确把握《条例》的精神实质。应当针对不同层级、不同领域开展分类培训，突出抓好新提任干部、年轻干部、关键岗位干部等重点对象的纪律培训。

准确知纪。知纪是前提。认真学纪、准确知纪，才能更好明纪、守纪。知道党的纪律规矩是什么。搞清楚党章是最根本的党内法规，是管党治党的总规矩；搞清楚党的纪律是党的各级组织和全体党员必须遵守的行为规则；搞清楚《条例》的每一章每一条都规定了什么、基本精神是什么。知道不能干什么。《条例》明确了党员干部"不能为"的负面清单，要把每一条规定都铭记在心，任何时候任何情况下都坚决做到不该说的话不说、不该办的事情不办、不该去的地方不去、不该交的朋友不交、不该吃的饭不吃、不该拿的东西不拿，等等。在管住自己的一言一行、一举一动过程中，不断强化党员意识、守纪观念。知道能干什么、允许干什么、应当怎么干。党员干部既要守纪律，也要敢担当。《条例》明确"不能为"的各种情形，不是要束缚党员干部干事创业的手脚，而是要在知边界、明底线的前提下更加奋发有为。广大党员干部在想问题、作决策、办事情时，无视党规党纪要求、满不在乎、盲目蛮干是绝对不行的；工作中不愿担当、不敢斗争，面对矛盾冲突和危机困难临阵退缩、推诿扯皮，也是绝对不允许的，同样不符合党的纪律规定。

自觉明纪。明纪是关键。党的纪律是带着强制性的，同时它又必须建立在党员干部的自觉性上面。党员干部只有真正做纪律上的明白人，时刻明晰公与私的"警戒线"、是与非的"高压线"、情与纪的"分界线"，才能始终稳得住心神、管得住行为、守得住清白。明白党纪是"紧箍咒"。深刻认识到纪律面前一律平等，遵守纪律没有特权，执行纪律没有例外。自觉用党纪校正自己的思想和行动，时常看看自己手中的戒尺握紧了没有，不断树牢党纪观念，坚决守住红线、守牢底线、不越高压线，全面规范自身行为，使铁的纪律成为日常习惯和自觉遵循，不断强化纪律意识、加强自我约束、提高免疫能力。明白党纪也是"护身符"。深刻认识到严是爱、宽是害，严管就是厚爱，习惯在受监督和约束的环境中工作生活。无数案例证明，党员"违法"

无不始于"破纪"。防止没查都是"好同志"、一查沦为"阶下囚"的情况发生，必须把纪律和规矩挺在前面，抓早抓小、防微杜渐。从内心尊崇纪律、敬畏纪律，把遵规守纪内化为日用而不觉的言行准则，不断增强政治定力、纪律定力、道德定力、抵腐定力，始终做到忠诚干净担当。

严格守纪。守纪是目的。学纪、知纪、明纪，最终是要规范和约束党员干部严严实实、本本分分守纪。所有党员，无论职务高低，不管从事什么职业，都要无条件地遵守纪律，不搞变通、不打折扣、不留余地、不玩花样，以实际行动坚决维护党的纪律的严肃性和权威性，体现出党员的先进性和纯洁性。旗帜鲜明守住纪律之要。守纪律首要的是遵守政治纪律，守规矩首要的是遵守政治规矩。时刻绷紧旗帜鲜明讲政治这根弦，在大是大非面前、在政治原则问题上做到头脑特别清醒、立场特别坚定，决不当两面派、做两面人，决不拿党的原则做交易，决不搞"七个有之"那一套。在政治方向、政治立场、政治言论、政治行为方面守好规矩，自觉坚持党的领导，自觉同以习近平同志为核心的党中央保持高度一致，自觉维护党中央权威和集中统一领导。慎独慎微守在细微之处。懂得小事小节中有政治、有方向、有形象、有人格的道理，从小事小节上加强约束、规范自己，不断净化自己的社交圈、生活圈、朋友圈，防止被别有用心的人"围猎"，不要踩上"地雷"、掉进"陷阱"。增强自制力，在私底下、无人时、细微处做到慎独慎微，不能在"月黑风高无人见"的自欺欺人中乱了心智，不能在"天知地知你知我知"的花言巧语中迷了方向，不能在"富贵险中求"的侥幸心理中铤而走险，不能在"法不责众"的错误认识中恣意妄为。领导干部都要树立正确的权力观，公正用权、依法用权、为民用权、廉洁用权。牢记全面从严治党永远在路上，党的自我革命永远在路上。勤掸"思想尘"、多思"贪欲害"、常破"心中贼"，常掸心灵灰尘、常清思想垃圾、常掏灵魂旮旯。清清白白为官、干干净净做事、老老实实做人，对党忠诚一辈子、遵规守纪一辈子。

（原载《学习时报》2024 年 4 月 26 日）

坚持"九个以"的实践要求，把党的自我革命进行到底

勇于自我革命，是我们党最鲜明的品格，也是我们党最大的优势。习近平总书记在二十届中央纪委三次全会上的重要讲话，从统筹中华民族伟大复兴战略全局和世界百年未有之大变局的高度，深刻阐述了党的自我革命的重要思想，科学回答了我们党为什么要自我革命、为什么能自我革命、怎样推进自我革命等重大问题，明确提出推进自我革命"九个以"的实践要求，进一步明确了我们党怎样推进自我革命的重大理论和实践问题，成为习近平总书记关于党的自我革命的重要思想的"纲"和"魂"。认真学习贯彻"九个以"的实践要求，对于将全面从严治党这场伟大自我革命进行到底，具有重大而深远的意义。

一、"九个以"的实践要求是我们党自我革命历史经验和新时代全面从严治党新鲜经验的全面总结

"九个以"的实践要求具有广阔时代背景、深厚历史渊源和坚实实践基础，融通了百余年来我们党自我革命，特别是新时代在全面从严治党的实践中进行的一系列创新，可以说，是我们党自我革命思想成果、理论成果、制度成果、实践成果的系统集成，是对党的自我革命理论与实践的全面总结和概括。

（一）以坚持党中央集中统一领导为根本保证

坚持党中央集中统一领导是百年大党开辟自我革命新境界的重要经验。党的一大通过的中国共产党纲领明确提出了纪律的问题；1922年党的二大通过了党的第一部党章，明确全国代表大会及中央执行委员会为本党最高机关，规定"全国大会及中央执行委员会之决议，本党党员皆须绝对服从之"，设置纪律专章，强调了政治纪律和组织纪律。党的五大、

六大及中央政治局会议研究革命领导权问题，明确民主集中制为党的组织原则，健全党的中央机关，强化党的集体领导；1938年党的扩大的六届六中全会首次提出"四个服从"。从1945年党的七大确立毛泽东思想为党的指导思想，到1948年中央颁布《关于建立报告制度》的党内指示、《关于健全党委制》的决定等，有力地加强了党中央集中统一领导，全党实现了空前的团结统一。党的十八大以来，以习近平同志为核心的党中央把坚持党中央集中统一领导作为最高政治原则，把党的领导落实到管党治党、治国理政各领域各方面各环节，从根本上扭转了党的领导弱化、虚化、淡化问题，为深入推进党的自我革命奠定了强大的思想政治基础。

（二）以引领伟大社会革命为根本目的

马克思主义政党不是从来就有的，而是社会发展到一定历史阶段的产物，是负有崇高历史使命的政党。毛泽东指出："我们党要使人民胜利，就要当工具，自觉地当工具。"我们党从诞生之日起就把实现社会主义和共产主义作为自己的奋斗目标。党的一大通过的中国共产党纲领明确提出"党的根本政治目的是实行社会革命"。新民主主义革命时期，我们党领导人民浴血奋战，打败日本帝国主义，推翻国民党反动统治，推翻压在中国人民头上的帝国主义、封建主义、官僚资本主义三座大山，建立了中华人民共和国。社会主义革命和建设时期，我们党领导人民完成社会主义革命，消灭一切剥削制度，实现了中华民族有史以来最为广泛而深刻的社会变革。改革开放和社会主义现代化建设新时期，我们党领导人民进行改革开放新的伟大革命，推进了中华民族从站起来到富起来的伟大飞跃。党的十八大以来，以习近平同志为核心的党中央领导全党全军全国各族人民砥砺前行，攻克了许多长期没有解决的难题，办成了许多事关长远的大事要事，推动党和国家事业取得历史性成就、发生历史性变革。可以说，新时代中国特色社会主义是我们党领导人民进行伟大社会革命的成果，也是我们党领导人民进行伟大社会革命的继续。

（三）以习近平新时代中国特色社会主义思想为根本遵循

马克思主义政党的先进性，首先体现为思想理论上的先进性。百余年来，我们党坚持解放思想和实事求是相统一、培元固本和守正创新相统一，不断开辟马克思主义中国化时代化新境界，先后创立了毛泽东思想、邓小平理论，形成了"三个代表"重要思想、科学发展观，创立了习近平新时代中国特色社会主义思想，为党和国家事业发展提供了科学理论指导，也为党的自我革命提供了强大的思想武器。新时代新征程，只有坚持以习近平新时代中国特色社会主义思想为指导，持之以恒推进党的自我革命，才能使全党保持统一思想、统一意志、统一行动，心往一处想、劲往一处使，不断开创事业发展新局面。

（四）以跳出治乱兴衰历史周期率为战略目标

我们党是一个有着强烈忧患意识的无产阶级政党，如何跳出"其兴也勃焉，其亡也忽焉"的治乱兴衰历史周期率，是我们党持续探索的重大课题。1945年，毛泽东在延安的窑洞里给出了第一个答案，这就是"让人民来监督政府"。党的十八大以来，面对党内存在的突出问题，以习近平同志为核心的党中央打出一套自我革命的"组合拳"，刹住了一些多年未刹住的歪风邪气，解决了许多长期没有解决的顽瘴痼疾。经过百余年奋斗特别是党的十八大以来新的实践，我们党又找到了自我革命这一跳出治乱兴衰历史周期率的第二个答案，党在革命性锻造中更加坚强有力、更加充满活力。

（五）以解决大党独有难题为主攻方向

我们党一路走来，从只有几十名党员的小党，发展成为世界上最大的马克思主义执政党，组织规模之大、党员人数之多、党组织和党员分布之广泛，都是独一无二、前所未有的。辩证地看，大有大的优势，大也有大的难处。1939 年，毛泽东在《〈共产党人〉发刊词》中提出建设一个"全国范围的、广大群众性的、思想上政治上组织上完全巩固的布尔什维克化的中国共产党"的任务，并将这一任务称为"伟大的工程"。党的十一届三中全会后，我们党面临的环境、任务和党的状况都发生了很大变化，邓小平深刻指出，"中国要出问题，还是出在共产党内部"，对这个问题要清醒，"要聚精会神地抓党的建设，这个党该抓了，不抓不行了"。党的十八大以来，以习近平同志为核心的党中央以彻底的自我革命精神检视自身，强调党面临的"四大考验"和"四种危险"是长期的、复杂的、尖锐的、严峻的、必须时刻保持解决大党独有难题的清醒和坚定，驰而不息推进全面从严治党，使百年大党在自我革命中不断焕发蓬勃生机，始终成为中国人民最可靠、最坚强的主心骨。

（六）以健全全面从严治党体系为有效途径

百余年来，我们党在积极推动党的自我革命的同时，及时将加强党的建设行之有效的经验做法上升为制度，不断提升用制度管党治党的能力和水平。建党之初，党的一大通过的中国共产党纲领就党员条件、中央和地方组织的关系、党的纪律等作出了明确规定。1933 年 12 月，中华苏维埃共和国中央执行委员会专门发出第 26 号训令《关于惩治贪污浪费行为》，对贪污行为进行惩处。1938 年 8 月，陕甘宁边区政府颁布《陕甘宁边区惩治贪污暂行条例》，强调共产党员有犯罪者从重治罪。改革开放之初，邓小平指出："要解决思想问题，也要解决制度问题。""这种制度问题，关系到党和国家是否改变颜色，必须引起全党的高度重视。"之后，我们党把思想建设、组织建设和作风建设有机结合起来，把制度建设贯穿其中。党的十八大以来，以习近平同志为核心的党中央把加强党内法规制度建设作为全面从严治党的长远之策、根本之策，坚持纪严于法、执纪执法贯通，形成比较完善的党内法规体系，为推进党的自我革命提供了根本性、全局性、稳定性、长期性的保障。

（七）以锻造坚强组织、建设过硬队伍为重要着力点

严密的组织体系是党的优势所在、力量所在，是中国共产党奋斗历史的制胜秘诀。毛泽东曾作出过一个带有规律性的重要论断："政治路线确定之后，干部就是决定的因素。"从建党开始，我们党就设计和确定了初步的组织结构；到党的五大时，将党的组织系统划分为全国、省、市或县、区、生产单位五级；之后，适应社会主义革命和建设的需要，逐步改进、完善、健全，形成了从中央组织、地方组织到基层组织一整套科学严密的体系，并按照"德才兼备"的干部标准和"任人唯贤"的干部路线，在各行各业培养选拔了一批批又红又专的干部。党的十八大以来，以习近平同志为核心的党中央明确提出新时代党的组织路线，以健全党的组织体系为重点，推动党的领导纵向到底、横向到边，实现全覆盖，党组织的政治功能和组织功能不断增强，着力培养忠诚干净担当的高素质干部，着力集聚

爱国奉献的各方面优秀人才，为坚持和加强党的全面领导、坚持和发展中国特色社会主义提供坚强组织保证。

（八）以正风肃纪反腐为重要抓手

党性、党风、党纪是一个有机整体。党性是根本，党风是表现，党纪是保障。20世纪40年代，针对主观主义、宗派主义、党八股问题，我们党第一次以集中教育的方式在全党开展整风，使全党团结在毛泽东思想的旗帜下。新中国成立后，我们党注意克服旧社会贪污腐败等不良风气对新政权及其工作人员的侵蚀，尤其是从严查处"新中国反腐第一案"——刘青山、张子善案，起到了极大的震慑作用。改革开放后，面对腐败现象的滋生蔓延，邓小平强调："我们要反对腐败，搞廉洁政治。不是搞一天两天、一月两月，整个改革开放过程中都要反对腐败。"党的十八大以来，以习近平同志为核心的党中央从制定和落实中央八项规定开局破题，以钉钉子精神纠治"四风"，以严明纪律强化约束，开展了史无前例的反腐败斗争，消除了党、国家、军队内部存在的严重隐患。经过不懈努力，党风政风焕然一新，社风民风持续向好，重塑了党在人民心中的形象。

（九）以自我监督和人民监督相结合为强大动力

我们党全面领导、长期执政，面临的最大挑战是对权力的监督。怎样强化对权力运行的制约和监督？1945 年 7 月，在与黄炎培"窑洞对"谈话中，毛泽东就坚定地表示，只有让人民来监督政府，政府才不敢松懈。只有人人起来负责，才不会人亡政息。党的十八大以来，以习近平同志为核心的党中央把制约和监督权力作为保持党的肌体健康的重要保障，领导完善党和国家监督体系，统筹推进纪检监察体制改革，推动设立国家监察委员会和地方各级监察委员会与同级纪委合署办公，构建巡视巡察上下联动格局，构建以党内监督为主导、各类监督贯通协调的机制，不断加强对权力运行的制约和监督，使各类监督更加规范、更加有力、更加有效。

二、完整准确把握"九个以"的
实践要求的科学体系

"九个以"的实践要求是一个系统完备、协同支撑、逻辑严密、与时俱进的思想体系，明体达用、体用贯通，回答了对党的自我革命怎么看、怎么干的问题。"九个以"的实践要求具有很强的政治性、思想性、指导性、针对性，贯穿着马克思主义立场观点方法，闪耀着辩证唯物主义和历史唯物主义的理论光芒。

（一）系统完备的整体性

"九个以"的实践要求是新时代我们党在推进党的自我革命的伟大实践中，经过科学比较选择、精心总结提炼，抓住的最具根本性、全局性、稳定性、长期性的九个方面的重要问题。这九个方面内容上互相呼应、精神上高度契合，既各有侧重又相互支撑，构成了一个相互联系、相互贯通的有机统一体，是深入推进党的自我革命的重要顶层设计，共同形成党的自我革命的整体效能。

（二）协同支撑的结构性

恩格斯指出："思维既把相互联系的要素联合为一个统一体，同样也把意识的对象分解为它们的要素。""九个以"的实践要求是一个结构分明的系统理论。从思想体系看，

"九个以"的实践要求涵盖党的政治建设、思想建设、组织建设、作风建设、纪律建设、制度建设、反腐败斗争等各方面要求，体现了党的自我革命在内容上全涵盖、对象上全覆盖、责任上全链条、制度上全贯通。从科学方法看，"九个以"的实践要求既讲党的自我革命是什么、为什么，又讲对党的自我革命怎么看、怎么办，既部署"过河"的任务，又指导解决"桥或船"的问题，生动体现了马克思主义世界观和方法论的统一。

（三）逻辑严密的层次性

作为新时代党的自我革命的一套组合拳，"九个以"的实践要求中的每一条要求都发挥着不同的功能，其排列顺序有着深刻的逻辑指向。排在前三位的分别是"根本保证""根本目的""根本遵循"三个根本，指明了党的自我革命的根本政治方向、最终目标指向、理论指导原则，这是党的自我革命的最核心、最重要、管方向的因素；排在第四位、第五位的分别是"战略目标""主攻方向"，阐述了党的自我革命的内在目标，这是党的自我革命的行动指向；排在第六位至第九位的分别是"有效途径""重要着力点""重要抓手""强大动力"，阐述了党的自我革命的重点任务、组织基础、突破口、动力机制，这是党的自我革命的行动方略和行之有效的实施路径。这九个方面的要求，从价值导向到内在要求再到具体措施，环环相扣、层层递进，显示出清晰的逻辑层次。

（四）与时俱进的开放性

马克思主义理论不是教条，而是行动指南，必须随着实践的变化而发展。习近平总书记关于党的自我革命的重要思想是一个不断展开的、开放式的思想体系。从 2015 年 5 月习近平总书记在中央全面深化改革领导小组第十二次会议上首次提出"自我革命"的概念，到 2021 年 11 月党的十九届六中全会通过的党的第三个历史决议，将"坚持自我革命"作为党的十个方面的历史经验之一写入决议；从党的二十大报告提出"必须时刻保持解决大党独有难题的清醒和坚定"的重要要求，到 2024 年 1 月习近平总书记在二十届中央纪委三次全会上明确提出关于党的自我革命的重要思想的概念范畴，强调"九个以"的实践要求；等等。提出这些新理念新思想新战略，标志着我们党对自我革命的规律性认识不断深化。实践在发展，社会在前进，习近平总书记关于党的自我革命的重要思想必将随着中国特色社会主义伟大事业和新时代党的建设新的伟大工程的深入推进，随着强国建设、民族复兴伟业的全面拓展而持续发展、不断丰富、更加完善。

三、立足新时代新征程把"九个以"的实践要求落到实处

道不可坐论，理不能空谈。学习党的创新理论的目的全在于运用。学习领悟习近平总书记关于党的自我革命的重要思想，一个重要方面就是要在贯彻落实"九个以"的实践要求上下功夫。我们要提高政治站位，凝聚思想共识，坚持科学的思想方法和工作方法，不折不扣把"九个以"的实践要求落到实处，不断提高党的自我革命的坚定性、科学性、有效性。

（一）坚持系统观念

习近平总书记指出，必须树立系统观念，以正确的历史观、大局观把握大势、统筹兼顾、掌握主动。贯彻落实"九个以"的实践要求，必须坚持系统观念，将其作为党全方位、全过程加强自身建设的系统工程予以推进。要加强

前瞻性思考、全局性谋划、战略性布局、整体性推进，把全的要求、严的基调、治的理念落实到全面从严治党全过程各方面各环节；要坚持"两点论"和"重点论"的统一，既要整体推进，又要找重点、抓关键，以重点突破带动整体推进，在整体推进中实现重点突破，使全面从严治党各项工作更好体现时代性、把握规律性、富于创造性。

（二）坚持实践观点

习近平总书记指出，党和人民事业发展到什么阶段，全面从严治党就要跟进到什么阶段。"九个以"的实践要求是在新时代有效破解管党治党、兴党强党实际问题的基础上提出来的，是在统揽伟大斗争、伟大工程、伟大事业、伟大梦想中应运而生、丰富发展的。同时，"九个以"的实践要求作为系统的理论成果，还必须立足新的实际，推动其贯彻落实。党的二十大发出为全面建设社会主义现代化国家、全面推进中华民族伟大复兴而团结奋斗的伟大号召和动员令，我们要紧紧围绕推进中国式现代化来贯彻落实"九个以"的实践要求，使党的自我革命更好服从服务于党的中心任务。

（三）保持战略定力

习近平总书记指出，全面从严治党永远在路上，党的自我革命永远在路上。我们要充分认识党的自我革命的长期性、复杂性、艰巨性，决不能有松劲歇脚、疲劳厌战的情绪。要聚焦如何成功跳出治乱兴衰历史周期率、确保党永远不变质不变色不变味这个战略性问题，不断进行实践探索和理论创新，不断深化对党的自我革命的规律性认识，不断增强党自我净化、自我完善、自我革新、自我提高能力，及时清除一切影响党的先进性和纯洁性的因素，清除侵蚀党的健康肌体的病毒，始终保持党同人民群众的血肉联系，不断巩固党的长期执政地位。

（四）保持历史耐心

腐败的本质是权力出轨、越轨。腐败是人类社会一种共有现象，古今中外都有发生。历史和现实告诉我们，只要拥有权力，就有被腐蚀的风险。习近平总书记指出："面对依然严峻复杂的形势，反腐败绝对不能回头、不能松懈、不能慈悲，必须永远吹冲锋号。"党的自我革命不可能一蹴而就、一劳永逸，毕其功于一役，更不能一阵风，刮一下就停，必须保持足够的历史耐心。要适应全面从严治党新形势新要求，聚焦大党独有难题的破解之道，紧紧围绕"六个如何始终"，既常抓不懈、久久为功，又集中发力、专项整治，以永远在路上的坚韧和执着，推动党的自我革命环环相扣、层层递进，在革故鼎新、守正创新中实现自我扬弃、自身跨越，把党建设得更加坚强有力，为以中国式现代化全面推进强国建设、民族复兴伟业提供坚强政治保障。

（原载《党建研究》2024 年第 6 期）

党的自我革命

——一个全新范畴和重大命题

党的十八大以来，在全面从严治党的伟大实践中，习近平总书记深刻总结党的历史经验特别是党的十八大以来的新鲜经验，提出了党的自我革命的重要论断并形成战略思想，开辟了百年大党自我革命的新境界。这是一个全新范畴和重大命题，是党在实践基础上的一个重大理论创新。这个战略思想，是习近平新时代中国特色社会主义思想的重要组成部分，在习近平总书记关于党的建设的重要思想中具有重要地位。认真学习领会这个战略思想，探索和研究这个全新范畴和重大命题提出的历史条件和时代背景，以及这个战略思想所具有的重要地位和重大意义，对于我们在新时代新征程坚定不移推进全面从严治党，具有重要的现实指导意义。

一、党的自我革命提出的历史条件和
时代背景

任何一个重大创新理论的产生都不是偶然的，都有其产生的必然性，都有其产生的历史条件和时代背景。党的自我革命的提出也不例外。中华民族伟大复兴战略全局和世界百年未有之大变局，就是党的自我革命提出的历史条件和时代背景。党的十八大以来，习近平总书记深刻洞察国内外形势的发展变化，对国内国际形势作出正确分析和科学判断，指出领导干部要胸怀"两个大局"，一个是中华民族伟大复兴战略全局，一个是世界百年未有之大变局。习近平总书记强调"这是我们谋划工作的基本出发点"。"两个大局"，一内一外，相互交织、相互关联，相互作用、相互影响，成为我们认识和把握国内国际形势与走向的基础。中华民族伟大复兴是世界百年未有之大变局中的核心要素和最大变量，世界百年未有之大变局深刻影响和制约着中华民族伟大复兴的历史进程。党的自我革命，从一定意义上可以说，就是以习近平同志为主要代表的中国共产党人胸怀"两个大局"的必然产物。1989 年 5 月 31 日，邓小平说过这样一段话："领导这么一个国家不容易呀！责任不同啊！最重要的问题是要胸襟开阔。要从大局看问题，放眼世界，放眼未来，也放眼当前，放眼一切方面。"列宁说，一切以时间、地点、条件为转移，具体地分析具体的情况，这是马克思主义的最本质的东西，是马克思主义的活的灵魂。党的自我革命，就是从立足"两个大局"看问题得出来的。那么，对其历史条件和时代背景作进一步分析，它具有什么样的具体内涵呢？我们可以从世情、国情、党情三个方面来认识。

首先，从世情方面看。进入 21 世纪后，我们看到和平与发展的时代主题没有变，和平、发展、合作、共赢的时代潮流更加强劲，世界多极化、经济全球化、文化多样化、社会信息化深入发展持续推进，世界经济在深度调整中曲折复苏，新一轮科技革命和产业变革蓄势待发正在孕育成长，全球治理体系深刻变革，新兴市场国家和发展中国家群体力量继续增强、快速崛起，国际力量对比逐步趋向平衡。同时，国际金融危机深层次影响在相当长时期依然存在，疫情蔓延流行对世界影响深远，全球经济贸易增长乏力，单边主义、保护主义抬头，霸权主义和强权政治有新的表现，地缘政治关系复杂变化，传统安全威胁和非传统安全威胁交织，恐怖主义、难民危机、重大传染性疾病、气候变化等非传统安全威胁持续蔓延，外部环境不稳定不确定因素增多。在复杂多变的世界形势面前，各国综合国力的竞争日趋激烈，一个国家能否赢得主动，取决于执政力量作出的战略抉择和政策选择。对国际形势综合判断，我国发展仍处于可以大有作为的重要战略机遇期，但战略机遇期的内涵已发生深刻变化，如何应对面临诸多矛盾叠加、风险隐患增多的严峻挑战，实现我们的既定奋斗目标，全面推进中华民族伟大复兴，对我们党是一个重大考验。

其次，从国情方面看。进入新时代，我国发展步入近代以来的最好时期。经过新中国成立特别是改革开放以来的持续发展，我国社会生产力、综合国力、人民生活水平实现了历史性跨越，经济实力、科技实力、国防实力进入世界前列，已经成为世界第二大经济体、制造业第一大国、货物贸易第一大国、商品消费第二大国、外资流入第二大国，外汇储备连续多年位居世界第一。我们比历史上任何时期都更接近、更有信心和能力实现中华民族伟大复兴的目标，我们比历史上任何时期都更有信心和能力为世界和平和人类进步作出更大贡献。但是，我国社会的主要矛盾已经转化为人民日益增长的美好生活需要和不平衡不充分的发展之间的矛盾。一方面，人民的需要日益广泛，不仅对物质文化生活提出新的更高要求，而且对民主、法治、公平、正义、安全、环境等也提出更多更高要求；另一方面，发展不平衡不充分更加突出，成为满足人民日益增长的美好生活需要的主要制约因素。这对党和国家各项工作都提出了新的更高要求。更进一步看，新时代也是我国发展关键期、改革攻坚期和矛盾凸显期。改革发展稳定任务之重前所未有，矛盾风险挑战之多前所未有，治国理政考验之大同样前所未有。许多老问题尚未完全解决，新问题又纷至沓来，而其他国家又没有现成的经验可供我们借鉴。在14亿多人口的大国实现中国式现代化，这是人类历史上从未有过的壮举。实现第二个百年奋斗目标和中华民族伟大复兴的中国梦，将再次创造人类发展史上惊天动地的发展奇迹。面对这样的任务、挑战、考验，中国的改革需要"涉深水"和"闯险滩"，需要跨越众说纷纭的"中等收入陷阱""塔西佗陷阱""修昔底德陷阱",需要防范化解"黑天鹅""灰犀牛"事件等各种重大风险,这些无疑考验着当代中国共产党人的胆略和智慧。

最后,从党情方面看。改革开放以来,我们党的队伍不断发展壮大,为党增添了新鲜血液,壮大和充实了党的力量。但是,也使教育和管理党员的任务比以往任何时候都更加艰巨繁重。如何把广大党员教育管理好,充分发挥其先锋模范作用,特别是如何建立健全不忘初心、牢记使命,保持共产党员先进性的长效机制,是党的自身建设必须解决好的一个重大问题。同时我们还看到,改革开放以来我国社会经济成分、组织形式、就业方式、利益关系和分配方式日趋多样化并不断发展,人们的就业状况发生了很大变化,活动的范围和领域也更加广泛,流动性比过去大大增强。在这种情况下,党的工作如何切实有效地覆盖社会生活的各个领域,包括如何加强新经济组织和新社会组织中党的工作,切实把这些领域的群众团结和组织在党的周围,这无疑是党的建设一个崭新的课题。还有,随着改革开放的深化和社会主义市场经济的发展,不同的利益诉求不仅会在干部群众的工作和生活中表现出来,也会在不同地方、不同领域、不同部门表现出来。如何既最大限度地调动各级党组织和广大党员的积极性、主动性、创造性，增强党的蓬勃活力，又始终保证全党同志按照党的奋斗目标、按照国家和人民的最高利益来行动，坚决维护党的团结统一，防止和克服有令不行、有禁不止、各行其是的现象，这也是新的历史条件下加强党的建设的重大问题。另外，进入 21 世纪的 20 多年来，一些长期执政的大党、老党失去了政权，一些存在了几十年的政权垮台了。这其中的原因很多，但一个很重要的因素就是贪污腐败盛行而又得不到及时有效遏制，弄得民怨盈涂，一有风吹草动，社会就动荡不已，最后导致政党衰败、政权垮台。1989 年春夏之交我国发生严重政治风波后，邓小平就尖锐指出："这个党该抓了，不抓不行了。""不惩治腐败，特别是党内的高层的腐败现象，确实有失败的危险。"这些深刻教训对我们党是一个重要的警示。

正是基于对世情、国情、党情方面发生深刻变化的正确分析和准确把握，习近平总书记敏锐地看到了这些变化对党的建设带来的新情况、新问题，提出了党的自我革命的重要论断，并在新时代的实践中不断丰富和发展，形成了党的自我革命的战略思想。

二、党的自我革命具有的重要地位和
重大意义

习近平总书记关于党的自我革命的战略思想提出和形成有一个历史过程。对其思想的发展脉络和轨迹作一梳理，可以看到有这样几个重要的时间节点。一是 2015 年 5 月 5 日，习近平总书记在中央全面深化改革领导小组第十二次会议上的讲话中，首次提出"自我革命"的概念。强调要以"自我革命"的"精神""气魄"推进改革，"全面深化改革"。二是 2016 年 7 月 1 日，习近平总书记在庆祝中国共产党成立 95 周年大会上的讲话中，将"自我革命"引入党的建设，提出全党要以自我革命的政治勇气，着力解决党自身存在的突出问题，不断增强党自我净化、自我完善、自我革新、自我提高能力。这里，"自我革命"在习近平总书记关于党的建设的重要思想中形成全新范畴和重大命题。三是 2017 年 10 月 18 日，习近平总书记在党的十九大报告中，对自我革命和全面从严治党的关系进行了阐发，提出了勇于自我革命、从严管党治党是我们党最鲜明的品格的重要论断。四是 2017 年 10 月 25 日，在十九届中共中央政治局常委同中外记者见面时，习近平总书记在讲话中将自我革命与社会革命并列起来，提出了"中国共产党能够带领人民进行伟大的社会革命，也能够进行伟大的自我革命"的重要论断。五是 2018 年 1 月 5 日，习近平总书记在新进中央委员会的委员、候补委员和省部级主要领导干部学习贯彻习近平新时代中国特色社会主义思想和党的十九大精神研讨班开班式上的讲话中，阐述了党的自我革命与党领导的社会革命的辩证关系。六是 2019 年 1 月 11 日，习近平总书记在十九届中央纪委三次全会上的讲话中，明确提出了党的自我革命的目标任务，论述了实现自我净化、自我完善、自我革新、自我提高的内涵要求。七是 2019 年 6 月 24 日，习近平总书记在中共十九届中央政治局第十五次集体学习时的讲话中，总结了党推进自我革命的重要经验。八是 2021 年 11 月 11 日，党的十九届六中全会通过的党的第三个历史决议，将"坚持自我革命"作为党的十个方面的历史经验之一写入决议。习近平总书记在全会的讲话中，将自我革命作为党跳出治乱兴衰历史周期率的第二个答案。九是2022年1月18日，党的十九届中央纪委六次全会明确提出了习近平总书记关于党的自我革命的战略思想的重大概念，阐述了"九个坚持"的规律性认识和"六个必须"的原则性要求。6月17日，习近平总书记在中共十九届中央政治局第四十次集体学习时的讲话中，进一步归纳了反腐败斗争的"六条经验"。这就形成了习近平总书记关于党的自我革命的战略思想的基本框架和科学体系。十是2022年10月16日，习近平总书记在党的二十大报告中，提出了"必须时刻保持解决大党独有难题的清醒和坚定"的重要要求。2023年1月9日，习近平总书记在二十届中央纪委二次全会上的讲话中，对解决大党独有难题用"六个如何始终"进行了深刻阐述。实践在发展，社会在前进，历史在变革，习近平总书记关于党的自我革命的战略思想也还在丰富和发展之中。这一战略思想的提出和形成具有重要地位和重大意义，主要体现在以下几个方面。

第一，从党的思想理论讲，"党的自我革命"是对马克思主义建党学说的创新发展。我们党是马克思主义政党，是以马克思主义作为党的指导思想的理论基础。马克思主义经典作家虽然没有直接使用过"自我革命"这个概念，但是，提出过许多类似的要求，这样的论述还是很多的。比如，马克思、恩格斯指出："革命之所以必需，不仅是因为没有任何其他的办法能够推翻统治阶级，而且还因为推翻统治阶级的那个阶级，只有在革命中才能抛掉自己身上的一切陈旧的肮脏东西，才能胜任重建社会的工作。"列宁指出："全部关键在于，先锋队要不怕进行自我教育，自我改造，要不怕公开承认自己素养不够，本领不大。""一个政党对自己的错误所抱的态度，是衡量这个党是否郑重，是否真正履行它对本阶级和劳动群众所负义务的一个最重要最可靠的尺度。"毛泽东指出："共产党是为民族、为人民谋利益的政党，它本身决无私利可图。它应该受人民的监督，而决不应该违背人民的意旨。"他还指出："因为我们是为人民服务的，所以，我们如果有缺点，就不怕别人批评指出。不管是什么人，谁向我们指出都行。只要你说得对，我们就改正。你说的办法对人民有好处，我们就照你的办。"邓小平、江泽民、胡锦涛也都有过许多这样的论述。党的十八大以来，习近平总书记鲜明地提出了"党的自我革命"问题，就这一问题作出了一系列深刻的重要论述。强调不忘初心，牢记使命，就是不要忘记我们是共产党人，我们是革命者，不要丧失了革命精神；强调全党要牢记中国共产党是什么、要干什么这个根本问题；强调我们党要始终成为时代先锋、民族脊梁，始终成为马克思主义执政党，自身必须始终过硬；强调治国必先治党，党兴才能国强；强调勇于自我革命，是我们党最鲜明的品格，也是我们党最大的优势；强调我们党没有任何自己特殊的利益，这是我们党敢于自我革命的勇气之源、底气所在；强调要以伟大自我革命引领伟大社会革命，以伟大社会革命促进伟大自我革命；强调要敢于进行自我革命，敢于刀刃向内，敢于刮骨疗伤，敢于壮士断腕，防止祸起萧墙；强调全面从严治党永远在路上，要时刻保持解决大党独有难题的清醒和坚定；等等。习近平总书记关于"党的自我革命"的重要论述，从内容上可以作广义和狭义的区分。从广义上讲，强调的就是加强党的自身建设问题，回答和解决的是我们党大党独有难题的一系列理论和实践问题。从狭义上讲，强调的就是不断消除滋生的各种消极腐败现象。其实质意义强调的就是坚持真理、修正错误，保持健康、清除病毒，在自我扬弃的否定中获得新生、再生、重生，净化自我、变革自我、战胜自我、超越自我。习近平总书记关于党的自我革命的战略思想，丰富了马克思主义建党学说的理论宝库。

第二，从党的历史讲，"党的自我革命"是对党的历史经验的深刻揭示。历史是最好的教科书，历史可以映照现实折射未来。党的光辉历史有正面经验，也有反面经验，反面经验又可称为教训，正面经验和反面经验或教训都是党的宝贵财富。在党的历史上，我们党不断总结经验教训，始终坚持自我革命。比如，在指导思想上，党坚持真理、修正错误，勇于纠正各种右的和"左"的错误。包括大革命失败后纠正陈独秀右倾机会主义错误，土地革命战争时期纠正"左"倾盲动错误和"左"倾冒险错误，延安时期彻底纠正王明"左"倾教条主义错误，党的十一届三中全会后彻底否定"文化大革命"，纠正"文化大革命"的错误，等等。比如，我们党勇于解决党内存在的思想不纯、政治不纯、组织不纯、作风不纯等突出问题，包括建党早期发出《中共中央扩大会议通告——坚决清洗贪污腐化分子》，在延安时期进行整风，新中国成立初期开展整风、整党和"三反"运动，改革开放以后进行全面整党和开展"三讲"教育、保持共产党员先进性教育活动、深入学习实践科学发展观活动，等等。又如，我们党坚决惩治腐败，包括新中国成立初期从严查处了"新中国反腐第一案"——刘青山、张子善案，尔后处理了一大批贪污腐化分子，改革开放后党始终把党风廉政建设和反腐败斗争放在突出位置，提出不断增强拒腐防变能力、建立健全惩治和预防腐败体系，等等。党的丰富历史对"党的自我革命"的内容有全面系统的反映，从一定意义上可以讲，一部党的历史就是一部"党的自我革命"的历史。

第三，从现实情形讲，"党的自我革命"是对党的十八大以来全面从严治党实践的科学总结。新时代以来，党和国家的发展进程极不寻常、极不平凡。事非经过不知难，成如容易却艰辛。党的十八大后我们面临着艰难复杂的形势和艰巨的改革发展任务。当时的形势是，改革开放和社会主义现代化建设取得巨大成就，党的建设新的伟大工程取得显著成效，但同时也存在着一系列长期积累及新出现的突出矛盾和问题。面对这些影响党长期执政、国家长治久安、人民幸福安康的突出矛盾和问题，党中央审时度势、果敢抉择，锐意进取、攻坚克难，团结带领全党全军全国各族人民撸起袖子加油干、风雨无阻向前行，义无反顾进行具有许多新的历史特点的伟大斗争。针对在坚持党的全面领导上，党内存在不少对坚持党的领导认识模糊、行动乏力，落实党的领导弱化、虚化、淡化、边缘化问题，特别是对党中央重大决策部署执行不力，有的搞上有政策、下有对策，甚至口是心非、擅自行事问题。针对在全面从严治党上，由于一度出现管党不力、治党不严问题，有些党员干部政治信仰出现严重危机，一些地方和部门选人用人风气不正，形式主义、官僚主义、享乐主义和奢靡之风盛行，特权思想和特权现象较为普遍存在，特别是"七个有之"的问题。以习近平同志为核心的党中央以前所未有的勇气和定力全面从严治党，打出了一套自我革命的"组合拳"，形成了一整套党自我净化、自我完善、自我革新、自我提高的制度规范体系。针对严重影响党的形象和威信、严重损害党群干群关系的突出问题，我们党坚持严的基调，强化监督执纪问责，抓住"关键少数"，以上率下，着眼"绝大多数"，层层传导压力和落实责任，党在革命性锻造中更加坚强有力。特别是我们党以猛药祛疴、重典治乱的决心，以刮骨疗毒、壮士断腕的勇气，坚定不移"打虎""拍蝇""猎狐"，清除了党、国家、军队内部存在的严重隐患。反腐败斗争取得压倒性胜利并全面巩固。经过不懈努力，党找到了自我革命这一跳出治乱兴衰历史周期率的第二个答案，我们党在浴火中获得重生。

三、在全面从严治党中深入推进党的自我革命

党的二十大明确了新时代新征程中国共产党的使命任务。这个使命任务就是习近平总书记在党的二十大报告中所指出的："从现在起，中国共产党的中心任务就是团结带领全国各族人民全面建成社会主义现代化强国、实现第二个百年奋斗目标，以中国式现代化全面推进中华民族伟大复兴。"从党的二十大起，全党全国各族人民迈上全面建设社会主义现代化国家、向第二个百年奋斗目标进军的新征程。新时代新征程，党只有坚持自我革命，才能为全面建设社会主义现代化国家、全面推进中华民族伟大复兴提供根本保证。党的二十大报告对党面临的"四大考验"和"四种危险"作出了两个"长期存在"的重大判断，对"全面从严治党"和"党的自我革命"提出了两个"永远在路上"

的重要要求。这是一个重大判断和重要要求。全面从严治党是党永葆生机活力、走好新的赶考之路的必由之路。我们要按照党中央的战略部署，坚定不移全面从严治党，不断推进党的自我革命，把党建设得更加坚强有力，使党成为风雨来袭时全国人民最可靠的主心骨。

坚持自我革命，必须坚持和加强党中央集中统一领导。坚持和加强党中央集中统一领导，是党在政治上的最高原则。要健全总揽全局、协调各方的党的领导制度体系，完善党中央重大决策部署落实机制，确保全党在政治立场、政治方向、政治原则、政治道路上同以习近平同志为核心的党中央保持高度一致，确保党的团结统一。要加强党的政治建设，严明政治纪律和政治规矩，落实各级党委（党组）主体责任，提高各级党组织和党员干部政治判断力、政治领悟力、政治执行力，胸怀"国之大者""党之大计"。要坚持科学执政、民主执政、依法执政，贯彻民主集中制，创新和改进领导方式，提高党把方向、谋大局、定政策、促改革能力，调动各方面积极性。增强党内政治生活的政治性、时代性、原则性、战斗性，用好批评和自我批评武器，持续净化党内政治生态。

坚持自我革命，必须坚持不懈用习近平新时代中国特色社会主义思想凝心铸魂。习近平新时代中国特色社会主义思想，是当代中国马克思主义、二十一世纪马克思主义，是中华文化和中国精神的时代精华。必须坚持不懈、持之以恒、久久为功，抓好全党的理论学习和理论武装，抓好教育人民的工作。要把握好习近平新时代中国特色社会主义思想的世界观和方法论，坚持好、运用好贯穿其中的立场观点方法。用"两个结合"的要求去思考，以"六个必须坚持"的原则去思维，统一思想、统一意志、统一行动。要加强理想信念教育，引导全党牢记党的全心全意为人民服务的根本宗旨，解决好世界观、人生观、价值观这个总开关问题，自觉做共产主义远大理想和中国特色社会主义共同理想的坚定信仰者和忠实实践者。

坚持自我革命，必须完善党的自我革命的制度规范体系。制度问题带有根本性、全局性、稳定性、长期性，加强制度建设是全面从严治党的长远之策、根本之策。要完善党的自我革命制度规范体系，坚持制度治党、依规治党，以党章为根本，以民主集中制为核心，完善党内法规制度体系，增强党内法规权威性和执行力，形成坚持真理、修正错误，发现问题、纠正偏差的机制。

坚持自我革命，必须坚持以严的基调强化正风肃纪。正风肃纪必须从严从实，不严不实正风肃纪就会软弱无力变形走样。要锲而不舍落实中央八项规定及其实施细则精神，抓住"关键少数"以上率下，持续深化纠治"四风"，重点纠治形式主义、官僚主义，坚决破除特权思想和特权行为。把握作风建设地区性、行业性、阶段性特点，抓住普遍发生、反复出现的问题深化整治，推进作风建设常态化长效化。要全面加强党的纪律建设，督促领导干部特别是高级干部严于律己、严负其责、严管所辖，从思想上固本培元，提高党性觉悟，增强拒腐防变能力。

坚持自我革命，必须增强党组织政治功能和组织功能。党组织的政治功能和组织功能至关重要，其功能的强弱直接决定党组织发挥作用的大小。要坚持大抓基层的鲜明导向，抓党建促乡村振兴，加强城市社区党建工作，推进以党建引领基层治理，持续整顿软弱涣散基层党组织，把基层党组织建设成为有效实现党的领导的坚强战斗堡垒。全面提高机关党建质量，推进事业单位党建工作。推进国有企业、金融企业在完善公司治理中加强党的领导，加强混合所有制企业、非公有制企业党建工作，理顺行业协会、学会、商会党建工作管理体制。加强新经济组织、新社会组织、新就业群体党的建设。

坚持自我革命，必须坚决打赢反腐败斗争攻坚战持久战。攻坚战强调的是反腐败斗争的艰巨性，持久战强调的是反腐败斗争的长期性。腐败是危害党的生命力和战斗力的最大毒瘤，人民群众最痛恨腐败现象，反腐败是最彻底的自我革命。党要永葆自己的本色，获得人民群众的拥护和支持，必须把反腐败斗争进行到底。只要存在腐败问题产生的土壤和条件，反腐败斗争就一刻不能停，必须永远吹冲锋号。要坚持不敢腐、不能腐、不想腐一体推进，同时发力、同向发力、综合发力，以反腐败斗争的成效营造风清气正的党内政治生态，确保党永远不变质、不变色、不变味，使党始终成为中国特色社会主义事业的坚强领导核心。

（原载《中国纪检监察报》2023 年 9 月 21 日）

自我革命是党永葆生机活力的
力量源泉

　　习近平总书记在党的二十大报告中指出："经过不懈努力，党找到了自我革命这一跳出治乱兴衰历史周期率的第二个答案，自我净化、自我完善、自我革新、自我提高能力显著增强，管党治党宽松软状况得到根本扭转，风清气正的党内政治生态不断形成和发展，确保党永远不变质、不变色、不变味。"自我革命是中国共产党区别于其他政党的显著标志，是党跳出治乱兴衰历史周期率的第二个答案。党的十八大以来，习近平总书记深刻总结党的历史经验特别是新时代以来的新鲜经验，提出了自我革命的重要政治论断。自我革命的命题虽然是党的十八大以后我们党正式提出的，但是，由于我们党是一个马克思主义的政党，党的性质宗旨、理想信念、奋斗目标决定党必须自我革命，党除人民利益以外没有任何自己的利益，更没有特殊利益。自我革命源于党的初心使命。这也是党敢于自我革命的勇气之源、底气所在。纵观党的全部历史，自我革命是贯穿始终的一条红线，是党永葆生机活力的力量源泉。

一、党在新民主主义革命时期自我革命的探索实践

我们党自成立之日起就高度重视自身建设。在大革命时期，党的中央和地方各级组织注意对干部、党员进行马克思主义世界观人生观教育，进行党的纪律教育，进行反对和防止贪污腐化的教育。1926 年 8 月，党中央发出了《中共中央扩大会议通告——坚决清洗贪污腐化分子》，这是党的历史上制定的第一个惩治贪污腐败的文件。1927 年 6 月，中央政治局通过的《中国共产党第三次修正章程决案》专门将"党的建设"列为一章。1929 年 12 月，红四军召开古田会议，确立了思想建党的原则，强调了加强党的思想建设的重要性，指明了党内各种非无产阶级思想的表现、来源及纠正

办法。1932 年 7 月,《中华苏维埃共和国中央执行委员会训令第十四号》(以下简称《训令》) 提出厉行廉洁政治,反对贪污和浪费,依法严惩腐败行为。《训令》强调:"对苏维埃中贪污腐化的分子,各级政府一经查出,必须给以严厉的纪律上的制裁。谁要隐瞒、庇护和放松对这种分子的检查与揭发,谁也要同样受到革命的斥责。"1939 年 10 月,毛泽东发表《〈共产党人〉发刊词》,提出党的建设总目标、总任务,把党的建设称为"伟大的工程"。将党的建设作为伟大的工程来实施,这表明党对加强自身建设重要性的认识更加自觉和深刻。1942 年 2 月开始,党以延安为中心,在全党范围开展了一场反对主观主义、宗派主义、党八股的整风运动。解放战争时期,各解放区进行了整党工作,通过查阶级、查思想、查作风和整顿组织、整顿思想、整顿作风,采取党内党外结合等办法,解决基层党组织存在的突出问题。经过整党,党同群众的联系更加密切,为争取土地改革和解放战争的胜利提供了重要保证。

二、党在社会主义革命和建设时期自我革命的有效实践

新中国成立前夕，我们党召开七届二中全会，毛泽东向全党提出了"务必使同志们继续地保持谦虚、谨慎、不骄、不躁的作风，务必使同志们继续地保持艰苦奋斗的作风"的重要思想，告诫全党必须警惕敌人用"糖衣裹着的炮弹"的攻击。1950年下半年开始，全党全军开展了整风运动。1951年下半年开始，全党进行了整党。在整党进行过程中，全国开展了反贪污、反浪费、反官僚主义的"三反"运动。1952年，党中央将正在开展的"三反"运动与整党相结合，严肃查处部分党员干部存在的贪污、浪费、受贿等腐化堕落行为。毛泽东指出："自从我们占领城市两年至三年以来，严重的贪污案件不断发生，证明一九四九年春季党的二中全会严重地指出资产阶级对党的侵蚀的必然性和为防止及克服此种巨大危险的必要性，是完全正确的，现在是全党动员切实执行这项决议的紧要时机了。再不切实执行这项决议，我们就会犯大错误。"毛泽东在下发

的指示中强调："反贪污、反浪费一事，实是全党一件大事，我们已告诉你们严重地注意此事。我们认为需要来一次全党的大清理，彻底揭露一切大、中、小贪污事件，而着重打击大贪污犯，对中小贪污犯则取教育改造不使重犯的方针，才能停止很多党员被资产阶级所腐蚀的极大危险现象，才能克服二中全会所早已料到的这种情况，并实现二中全会防止腐蚀的方针，务请你们加以注意。""三反"运动有力地惩治了部分党员干部的违纪违法行为，整顿了党的队伍，纯洁了党的组织，尤其是从严查处"新中国反腐第一案"——刘青山、张子善案，起到了极大震慑作用。

三、党在改革开放和社会主义现代化建设 新时期自我革命的创新实践

党的十一届三中全会后，为了保证经济建设和改革开放的顺利进行，党中央对加强党的建设进行了一系列部署，决定健全党规党法，严肃党纪，整顿党的作风。这次全会上重新成立中央纪律检查委员会担负起这项重要任务。1980年2月，党的十一届五中全会通过《关于党内政治生

活的若干准则》并向全国公布，对恢复党的优良传统和作风，加强党的建设，起到了重要的作用。为了解决党内存在的突出问题，1983 年 10 月，党的十二届二中全会根据党的十二大的部署，作出关于整党的决定，随后在全党分期分批开展了一次以统一思想、整顿作风、加强纪律、纯洁组织为基本任务的全面整党。面对改革开放以后党内出现的一些消极现象，邓小平指出："开放、搞活，必然带来一些不好的东西，不对付它，就会走到邪路上去。所以，开放、搞活政策延续多久，端正党风的工作就得干多久，纠正不正之风、打击犯罪活动就得干多久，这是一项长期的工作，要贯穿在整个改革过程之中，这样才能保证我们开放、搞活政策的正确执行。"1989 年 7 月 28 日，中共中央、国务院作出《关于近期做几件群众关心的事的决定》，要求从党中央、国务院的领导同志做起，在惩治腐败和带头廉洁奉公、艰苦奋斗方面先做七件事。当时，邓小平强调："要扎扎实实做几件事情，体现出我们是真正反对腐败，不是假的。""腐败的事情，一抓就能抓到重要的案件，就是我们往往下不了手。这就会丧失人心，使人们以为我们在包庇腐败。这个关我们必须过，要兑现。"他还特别指出：

"要整好我们的党，实现我们的战略目标，不惩治腐败，特别是党内的高层的腐败现象，确实有失败的危险。"江泽民也强调："在改革开放的条件下，资产阶级思想时刻侵蚀着党的肌体，使党内消极腐败现象有所滋长，脱离群众的倾向有所发展，严重影响了党在群众中的崇高威信。这种严峻的现实告诉我们，能不能把我们党建设好，不仅关系到党的兴衰，而且关系到四化建设和改革开放的成败。"8月28日，党中央发出《关于加强党的建设的通知》。1990年3月，党的十三届六中全会作出《中共中央关于加强党同人民群众联系的决定》。1993年，党中央作出加大反腐败斗争力度的重大决策，此后每年都对党风廉政建设和反腐败工作进行专门研究，在党内形成了以领导干部廉洁自律、查处大案要案、纠正部门和行业不正之风为主要内容的反腐败三项工作格局。1994年9月，党的十四届四中全会作出《中共中央关于加强党的建设几个重大问题的决定》，把党的建设提到新的伟大工程的高度，明确提出了党的建设的总目标和总任务。1998年7月，党中央决定，军队、武警部队和政法机关一律不再从事经商活动。1998年11月，党中央决定在全国县级以上党政领导班子、领导干部中深入开展以"讲学习、讲政治、讲正气"为主要内容的党性党风教育。2000年1月14日，江泽民在十五届中央纪委四次全会上指出，治国必先治党，治党务必从严，并完整提出了"提高领导水平和执政水平、提高拒腐防变和抵御风险的能力"这两大历史性课题。2005年1月起，全党开展了为期一年半的以实践"三个代表"重要思想为主要内容的保持共产党员先进性教育活动。2008年9月起，全党开展了为期一年半的深入学习实践科学发展观活动。2009年9月，党的十七届四中全会作出了《中共中央关于加强和改进新形势下党的建设若干重大问题的决定》。尔后，党中央根据党章，制定了一系列反腐倡廉制度规定。面对反腐败斗争的复杂形势，胡锦涛指出："各级领导班子和领导干部要头脑清醒、居安思危，充分认识腐败现象蔓延的严重危害性，认识开展反腐败斗争的极端重要性。全党一定要统一思想、形成共识，既不要失去信心，更不能掉以轻心；既要看到斗争的长期性，又要有现实的紧迫感。"经过坚持不懈的探索和努力，在这一时期，党风廉政建设和反腐败斗争取得明显成效，为改革开放和社会主义现代化建设提供了有力保证。但是，由于各种原因，滋生腐败的土壤和条件依然存在，反腐败斗争形势依然严峻复杂。

四、党在中国特色社会主义新时代
自我革命的成功实践

党的十八大以来，以习近平同志为核心的党中央把全面从严治党纳入"四个全面"战略布局，以前所未有的勇气和定力推进党风廉政建设和反腐败斗争，全面从严治党取得了历史性、开创性成就，产生了全方位、深层次影响，党焕发出新的强大生机活力，开辟了百年大党自我革命的新境界。党的十八大后不久，2012 年 11 月 17 日，习近平总书记在主持十八届中央政治局第一次集体学习时指出："一个政党，一个政权，其前途和命运最终取决于人心向背。如果我们脱离群众、失去人民拥护和支持，最终也会走向失败。我们要适应新形势下群众工作的新特点新要求，深入做好组织群众、宣传群众、教育群众、服务群众工作，虚心向群众学习，诚心接受群众监督，始终植根人民、造福人民，始终保持党同人民群众的血肉联系，始终与人民心连心、同呼吸、共命运。"2012 年 12 月 4 日，中央政治局审议通过了关于改进工作作风、密切联系群众的八项规定，从八项规定破题，纠治了一些多年未除的顽瘴痼疾，党风政风和社会风气为之一新。2013年起，全党分批开展了以为民务实清廉为主要内容的党的群众路线教育实践活动。2015年在全国县处级以上领导干部中开展了"三严三实"专题教育。2016年在全党开展了"两学一做"学习教育。2019年以县处级以上领导干部为重点在全党分批开展"不忘初心、牢记使命"主题教育。2021年在全党开展了党史学习教育。通过这一系列不同形式的学习教育，党员干部的党性修养得到提升，政治理论素养得到提高，党员队伍建设得到进一步加强，显著改善了党群干群关系。为了强化纪律执行，党中央先后修订和印发了《中国共产党廉洁自律准则》《中国共产党纪律处分条例》《中国共产党问责条例》等。与此同时，党中央以创新精神推动纪检监察体制改革，领导完善党和国家监督体系，加强对权力运行的制约和监督。推进纪律监督、监察监督、派驻监督、巡视监督统筹衔接，构建以党内监督为主、各类监督贯通协调的大格局。腐败是危害党的生命力和战斗力的最大毒瘤。习近平总书记指出："人民群众反对什么、痛恨什么，我们就要坚决防范和打击。人民群众最痛恨腐败现象，我们就必须坚定不移反对腐败。要坚持用制度管权管事管人，抓紧形成不敢腐、不能腐、不想腐的有效机制，让人民监督权力，让权力在阳光下运行，把权力关进制度的笼子里。"党中央以"得罪千百人、不负十四亿"的使命担当，领导开展了史无前例的反腐败斗争，坚持反腐败无禁区、全覆盖、零容忍，坚持重遏制、强高压、长震慑，坚持受贿行贿一起查，坚持有案必查、有腐必惩，以猛药祛疴、重典治乱的决心，以刮骨疗毒、壮士断腕的勇气，坚定不移"打虎""拍蝇""猎狐"。经过持续坚决的斗争，全面从严治党的政治引领和政治保障作用充分发挥，党的自我净化、自我完善、自我革新、自我提高能力显著增强，管党治党宽松软状况得到根本扭转，反腐败斗争取得压倒性胜利并全面巩固，党在革命性锻造中更加坚强有力。

五、新时代新征程必须坚持自我革命

全面建设社会主义现代化国家、全面推进中华民族伟大复兴，关键在党。我们党作为世界上最大的马克思主义执政党，要始终赢得人民拥护、巩固长期执政地位，必须时刻保持解决大党独有难题的清醒和坚定。经过党的十八大以来的全面从严治党，我们解决了党内许多突出问题，但党面临的"四大考验"和"四种危险"将长期存在，因此，全面从严治党永远在路上，党的自我革命永远在路上，必须持之以恒推进全面从严治党，深入推进新时代党的建设新的伟大工程，以党的自我革命引领社会革命，落实新时代党的建设总要求，健全全面从严治党体系。我们要坚持和加强党中央集中统一领导。健全总揽全局、协调各方的党的领导制度体系，完善党中央重大决策部署落实机制，严明政治纪律和政治规矩，深刻领悟"两个确立"的决定性意义，增强"四个意识"、坚定"四个自信"、做到"两个维护"。我们要坚持不懈用习近平新时代中国特色社会主义思想凝心铸魂。全面加强党的思想建设，加强理想信念教育，把党的创新理论转化为坚定理想、锤炼党性和指导实践、推动工作的强大力量。我们要完善党的自我革命制度规范体系。坚持制度治党、依规治党，以党章为根本，以民主集中制为核心，完善党内法规制度体系，增强党内法规权威性和执行力，形成坚持真理、修正错误，发现问题、纠正偏差的机制。我们要建设堪当民族复兴重任的高素质干部队伍。坚持党管干部原则，坚持德才兼备、以德为先、五湖四海、任人唯贤，把新时代好干部标准落到实处。我们要增强党组织的政治功能和组织功能。各级党组织要履行党章赋予的各项职责，把党的路线方针政策和党中央决策部署贯彻落实好。我们要坚持以严的基调强化正风肃纪。弘扬党的光荣传统和优良作风，锲而不舍落实中央八项规定精神，抓住"关键少数"以上率下，持续深化纠治"四风"，重点纠治形式主义、官僚主义，坚决破除特权思想和特权行为，全面加强党的纪律建设。我们要坚决打赢反腐败斗争攻坚战持久战。坚持不敢腐、不能腐、不想腐一体推进，同时发力、同向发力、综合发力，不断取得更多制度性成果和更大治理效能。"坚决清除一切损害党的先进性和纯洁性的因素，清除一切侵蚀党的健康肌体的病毒，确保党不变质、不变色、不变味，确保党在新时代坚持和发展中国特色社会主义的历史进程中始终成为坚强领导核心！"

（原载《中国纪检监察报》2023 年 3 月 16 日）

时刻保持解决大党独有难题的
清醒和坚定

我们党作为世界上最大的马克思主义执政党，组织规模之大、党员人数之多，都是独一无二、前所未有的。辩证地看，大有大的优势，大也有大的难处。如果管党治党有力，汇聚磅礴力量，我们党就会无往而不胜，就能够办大事、建伟业、创奇迹，否则就会一事无成。习近平总书记在党的二十大报告中强调："必须时刻保持解决大党独有难题的清醒和坚定。"时刻保持解决大党独有难题的清醒和坚定，关系党的生死存亡、关系党的兴衰成败，是党在新时代新征程上必须回答好、解决好的问题。那么，我们党面临哪些"独有难题"，如何去破解呢？在二十届中央纪委二次全会上，习近平总书记发表重要讲话，作出了"六个如何始终"的重要论述，为全党时刻保持清醒和坚定、解决大党独有难题指明了行动方向、提供了根本遵循。

一、必须始终不忘初心、牢记使命

这是习近平总书记阐述的解决大党独有难题的第一个问题，强调的是"如何始终不忘初心、牢记使命"。习近平总书记之所以提出这个问题，就是要提醒全党，不要忘了中国共产党是什么、要干什么这个根本问题，不要忘记我是谁、为了谁、依靠谁。党的初心和使命是党的性质宗旨、理想信念、奋斗目标的集中体现。这个问题关系立党兴党强党的根本问题，关系中国共产党人的根与本、精神支柱与政治灵魂。

我们党从诞生之日起，就把为中国人民谋幸福、为中华民族谋复兴作为自己的初心使命，始终坚持共产主义理想和社会主义信念，并一以贯之体现在党的全部奋斗中。100多年来，党领导人民浴血奋战、百折不挠，创造了新民主主义革命的伟大成就；自力更生、发愤图强，创造了社会主义革命和建设的伟大成就；解放思想、锐意进取，创造了改革开放和社会主义现代化建设的伟大成就；自信自强、守正创新，创造了新时代中国特色社会主义的伟大成就，书写出中华民族几千年历史上最恢宏的史诗，靠的是什么？靠的就是我们党有远大理想和崇高追求，靠的就是广大中国共产党人对初心使命的始终坚守。历史和现实反复证明，一个政党有了远大理想和崇高追求，有了坚定的初心使命，才会坚强有力、无坚不摧。一名党员干部始终不忘初心、牢记使命，就能挺起共产党人的精神脊梁，做到"任尔东西南北风"。

新时代新征程，目标更加宏伟、任务愈加繁重、挑战日益严峻，需要全党同志务必不忘初心、牢记使命。要坚持不懈用习近平新时代中国特色社会主义思想凝心铸魂，始终坚定对马克思主义的信仰，对中国特色社会主义和共产主义的信念，"炼就金刚不坏之身"。要始终坚持人民至上，以百姓心为心，与人民同呼吸、共命运、心连心，保持党同人民群众的血肉联系，永葆党的先进性和纯洁性。

二、必须始终统一思想、统一意志、
统一行动

这是习近平总书记阐述的解决大党独有难题的第二个问题，强调的是"如何始终统一思想、统一意志、统一行动"。习近平总书记之所以提出这个问题，就是要提醒全党，治理我们这样一个大党大国，如果没有党中央权威和集中统一领导，如果没有全党全国思想统一、步调一致，就什么事也办不成。这个问题决不是一般的问题和个人的事，而是方向性、原则性、根本性问题，关乎党和国家的前途命运，关乎人民群众的根本利益。

从党的历史看，凡是我们党保持团结统一的时候，我们的事业就会取得胜利；凡是我们党的团结统一遭到破坏的时候，我们的事业就会遭受挫折。遵义会议前，由于我们党没有形成一个成熟的党中央，没有形成全党的团结统一，党和人民事业多次遭受挫折。遵义会议开始确立以毛泽东同志为主要代表的马克思主义正确路线在党中央的领导地位，开始形成以毛泽东同志为核心的党的第一代中央领导集体，开启了党独立自主解决中国革命实际问题新阶段，在最危急关头挽救了党、挽救了红军、挽救了中国革命，并且在这以后使党能够战胜张国焘的分裂主义，胜利完成长征，打开中国革命新局面。此后，我们党就不断从胜利走向胜利。改革开放以后，党为加强和改善党的领导进行持续努力，为党和国家事业发展提供了根本政治保证。同时，党内也存在不少对坚持党的领导认识模糊、行动乏力问题，存在不少落实党的领导弱化、虚化、淡化、边缘化问题，特别是对党中央重要决策部署执行不力，有的搞上有政策、下有对策，甚至口是心非、擅自行事，严重影响党的形象和威信，严重损害党的领导作用的发挥。历史和现实证明，只有党中央有权威，才能把全党牢固凝聚起来，进而把全国各族人民紧密团结起来，形成万众一心、无坚不摧的磅礴力量。党的团结统一是党和人民前途和命运所系，是全国各族人民根本利益所在。保证党的团结和集中统一至关重要，维护党中央权威至关重要，任何时候任何情况下都不能含糊、不能动摇。

新时代新征程，统一思想、统一意志、统一行动，就要深刻领悟"两个确立"的决定性意义，增强"四个意识"、坚定"四个自信"、做到"两个维护"。要坚持和加强党中央集中统一领导，健全党的领导制度体系，完善党中央重大决策部署落实机制，确保全党在政治立场、政治方向、政治原则、政治道路上同以习近平同志为核心的党中央保持高度一致。全党要在重大问题、严峻形势面前始终心往一处想、劲往一处使，团结一致向前进。

三、必须始终具备强大的执政能力和领导水平

这是习近平总书记阐述的解决大党独有难题的第三个问题，强调的是"如何始终具备强大的执政能力和领导水平"。习近平总书记之所以提出这个问题，就是要提醒全党，一个在 14 亿多人口大国长期执政的党，面对世界百年未有之大变局，面对我国正处于实现中华民族伟大复兴的关键时期，能力不足、本领不强，就无法团结带领人民完成新时代新征程的使命任务。这个问题是加强和改进党的领导的关键问题，关系重大、决定全局。

我们党一路走来，从弱小到强大，从局部执政到全国

执政，建立新中国、进行社会主义革命和建设、实行改革开放，历来高度重视全党特别是领导干部的学习和能力水平提升。早在延安时期，毛泽东就指出："我们队伍里边有一种恐慌，不是经济恐慌，也不是政治恐慌，而是本领恐慌。"毛泽东要求全党："边学边干，在战争中学习战争，在实践中增长才干，这就是我们共产党人的辩证法！"改革开放之初，邓小平强调，要重视和研究党的执政能力问题，"不好好研究这个问题，不解决这个问题，坚持不了党的领导，提高不了党的威信"。邓小平号召全党："必须再重新进行一次学习。"习近平总书记指出："要增强学习本领，在全党营造善于学习、勇于实践的浓厚氛围，建设马克思主义学习型政党，推动建设学习大国。"回顾百余年奋斗历程，我们党依靠学习走到今天，依靠学习创造伟业。绳短不能汲深井，浅水难以负大舟。党和国家事业越发展，对领导干部的能力要求就越高。面对新情况新问题，一些干部出现新办法不会用、老办法不管用、硬办法不敢用、软办法不顶用，缺乏知识、缺乏本领，违背规律、蛮干盲干，给党和国家事业带来严重损失。历史和现实都充分证明，我们党既要政治过硬，也要本领高强；既要有担当的宽肩膀，也要有成事的真本领。

新时代新征程，提高党的执政能力和领导水平，就要增强推动高质量发展本领、服务群众本领、防范化解风险本领，提高防风险、迎挑战、抗打压能力。要勤于学习、善于学习，向书本学、向实践学、向人民学。要把调查研究作为基本功，大兴调查研究之风，深入基层、深入群众、深入实际，问政于民、问计于民、问策于民。要不断提高科学执政、民主执政、依法执政水平。要加强思想淬炼、政治历练、实践锻炼、专业训练，在重大斗争中不断磨砺提升能力水平，担当起民族复兴的历史重任。

四、必须始终保持干事创业精神状态

这是习近平总书记阐述的解决大党独有难题的第四个问题，强调的是"如何始终保持干事创业精神状态"。习近平总书记之所以提出这个问题，就是要提醒全党，大党长期执政，承平日久，容易追求安逸享乐，从而精神懈怠、意志消沉、不思进取。人无精神则不立，国无精神则不强。这个问题关系到党能不能永葆革命精神、坚定革命斗志，赓续共产党人精神血脉，鼓起奋进新征程、建功新时代的精气神，从而走好新的赶考之路。

历史从哪里开始，精神就从哪里产生。我们党一路走来，一代又一代中国共产党人顽强拼搏、不懈奋斗，形成了以伟大建党精神为源头的包括井冈山精神、苏区精神、长征精神、遵义会议精神、延安精神、抗战精神、红岩精神、西柏坡精神、照金精神、东北抗联精神、南泥湾精神、太行精神（吕梁精神）、大别山精神、沂蒙精神、老区精神、张思德精神；抗美援朝精神、"两弹一星"精神、雷锋精神、焦裕禄精神、大庆精神（铁人精神）、红旗渠精神、北大荒精神、塞罕坝精神、"两路"精神、老西藏精神（孔繁森精神）、西迁精神、王杰精神；改革开放精神、特区精神、抗洪精神、抗击"非典"精神、抗震救灾精神、载人航天精神、劳模精神（劳动精神、工匠精神）、青藏铁路精神、女排精神；脱贫攻坚精神、抗疫精神、"三牛"精神、科学家精神、企业家精神、探月精神、新时代北斗精神、丝路精神等伟大精神在内的中国共产党人精神谱系，成为中国共产党人理想信念、政治品格、宗旨意识、意志品质、精神风貌的综合体现，为我们立党兴党强党提供了丰富的滋养。

党的百余年奋斗史表明，只有具有伟大精神的政党，才能领导人民赢得伟大斗争、开创伟大事业。李大钊说过："历史的道路，不全是坦平的，有时走到艰难险阻的境界，这是全靠雄健的精神才能冲过去的。"新时代的伟大成就是党和人民一道拼出来、干出来、奋斗出来的。历史启示我们，人是要有点精神的，拥有革命加拼命精神的政党将是不可战胜的。

新时代新征程，始终保持干事创业精神状态，就要弘扬伟大建党精神，传承红色基因，赓续红色血脉；就要敢于斗争、善于斗争，依靠顽强斗争打开事业发展新天地；就要发扬伟大的历史主动精神，勇于担当作为，在迎接挑战和攻坚克难中奋勇向前。

五、必须始终能够及时发现和解决自身存在的问题

这是习近平总书记阐述的解决大党独有难题的第五个问题，强调的是"如何始终能够及时发现和解决自身存在的问题"。习近平总书记之所以提出这个问题，就是要提醒

全党，要勇于坚持真理、修正错误。这个问题关系到党能不能突破"革别人命容易，革自己命难"的世界性难题，能不能在直面问题、克服不足中永葆青春活力而长盛不衰。

在中国这样的大国进行革命、建设、改革，推进民族复兴历史伟业，是前无古人的伟大事业，在探索中出现失误甚至错误都是在所难免的。但是，我们党在人民的支持下，依靠自己的力量战胜困难、纠正错误、走向光明，可以说是几度绝处逢生、又几度柳暗花明。正是在这样的千锤百炼中，我们党愈益强大和成熟起来。历史和现实证明，党的伟大不在于不犯错误，而在于从不讳疾忌医，积极开展批评和自我批评，敢于直面问题，勇于自我革命。

新时代新征程，始终能够及时发现和解决自身存在的问题，就要坚持解放思想、实事求是、与时俱进、求真务实，坚持发扬自我革命精神，不断清除一切损害党的先进性和纯洁性的因素，不断清除一切侵蚀党的健康肌体的病毒，把党建设成为始终走在时代前列、人民衷心拥护、勇于自我革命、经得起各种风浪考验、朝气蓬勃的马克思主义执政党。

六、必须始终保持风清气正的
政治生态

这是习近平总书记阐述的解决大党独有难题的第六个问题，强调的是"如何始终保持风清气正的政治生态"。习近平总书记之所以提出这个问题，就是要提醒全党，政治生态同自然生态一样，稍不注意就容易受到污染，一旦出现问题再想恢复就要付出很大代价。这个问题事关党的肌体健康，事关我们党能否汇聚起激浊扬清的强大正能量，事关我们党能否做到永远不变质、不变色、不变味。

我们党是中国工人阶级的先锋队，同时是中国人民和中华民族的先锋队，没有任何自己特殊的利益，从来不代表任何利益集团、任何权势团体、任何特权阶层，在党内决不允许存在形形色色的利益集团，也决不允许结党营私。开展严肃认真的党内政治生活，营造良好的政治生态是我们党的优良传统和政治优势。古田会议提出思想建党、政治建军原则，就是强调要使党员的思想和党内的生活都政治化、科学化。遵义会议之所以开得好、开得成功，就是因为恢复了民主集中制，党内开展了积极的思想斗争，有了正常的党内生活。整风运动后，我们党在长期实践中逐步形成以实事求是、理论联系实际、密切联系群众、批评和自我批评、民主集中制、严明党的纪律等为主要内容的党内政治生活基本规范，保证了党充满生机和活力。党的十八大以来，以习近平同志为核心的党中央身体力行、率先垂范，坚定推进全面从严治党，坚持思想建党和制度治党紧密结合，集中整饬党风，严厉惩治腐败，净化党内政治生态，党内政治生活展现新气象，赢得了党心军心民心。历史和现实都充分证明，什么时候政治生态好，人心就顺、正气就足；什么时候政治生态不好，就会人心涣散、弊病丛生。

新时代新征程，始终保持风清气正的政治生态，就要严肃党内政治生活，涵养积极健康的党内政治文化，弘扬和践行忠诚老实、公道正派、实事求是、清正廉洁等价值观，倡导清清爽爽的同志关系、规规矩矩的上下级关系、亲清统一的新型政商关系。坚持以严的基调强化正风肃纪，以永远吹冲锋号的决心和意志坚决反对腐败。坚持正确用人导向，把好干部选出来、用起来，促进能者上、庸者下、劣者汰，以全党的强大正能量汇聚起全面建设社会主义现代化国家、全面推进中华民族伟大复兴的磅礴力量。

（原载《人民日报》2023 年 3 月 14 日）

百年党史上开展作风建设的一个典范
——新中国成立初期党领导开展的五次反对官僚主义的斗争

"党的作风就是党的形象，关系人心向背，关系党的生死存亡。"新中国成立初期，从 1950 年至 1955 年，我们党连续开展了五次反对官僚主义的斗争。这是为什么？回溯这段历史，总结其经验，对我们今天认真学习贯彻习近平总书记关于反对形式主义、官僚主义的重要论述，坚持不懈地加强党的作风建设，全面从严治党，具有重要的现实意义。

一、历史背景：新中国成立初期党为什么要突出地提出反对官僚主义的问题

我们党是在国家内忧外患、民族危难之时诞生的。党一成立就肩负起了争取民族独立、人民解放和实现国家富强、人民幸福两大历史任务。第一大历史任务，随着新中国的成立而宣告完成。为完成这个任务，党带领人民奋斗了28年。28年里，正像毛泽东所说的那样："我们党尝尽了艰难困苦，轰轰烈烈，英勇奋斗。从古以来，中国没有一个集团，像共产党一样，不惜牺牲一切，牺牲多少人，干这样的大事。"新中国成立了，江山打下了，政权得到了，那么，党应该怎么为人民守好江山、掌好权力呢？这个问题很现实地摆在了中国共产党人的面前。

我们党是中国工人阶级的先锋队，同时是中国人民和中华民族的先锋队。党的根本宗旨是全心全意为人民服务。要保持党的性质宗旨不变，必须坚决清除一切弱化党的先进性、损害党的纯洁性的因素，坚决防范一切动摇党的执政根基的危险。官僚主义是封建残余和剥削阶级思想意识

在党员领导干部作风上的反映，是党的肌体上的毒瘤，是党和人民事业的大敌。新中国的成立，标志着中国共产党开始在全国范围内执政。在这种情况下，党保持清醒头脑，反对官僚主义，避免脱离人民群众，就成为历史的必然。这也正是我们党作为一个成熟的马克思主义政党的重要表现。如何更进一步地深刻认识这一问题呢？

首先，我们从毛泽东同黄炎培著名的"窑洞对"来认识。1945年7月1日至5日，黄炎培等六位国民参政员由重庆到延安进行考察。毛泽东与黄炎培等进行了多次交谈。有一次毛泽东问黄炎培的感想怎么样？黄炎培说：我生60多年，耳闻的不说，所亲眼看到的，真所谓"其兴也浡焉"，"其亡也忽焉"，一人，一家，一团体，一地方，乃至一国，不少不少单位都没有能跳出这周期率的支配力。一部历史，"政怠宦成"的也有，"人亡政息"的也有，"求荣取辱"的也有，总之没有能跳出这周期率。中共诸君从过去到现在，我略略了解的了，就是希望找出一条新路，来跳出这周期率的支配。毛泽东说："我们已经找到新路，我们能跳出这周期率。这条新路，就是民主。只有让人民来监督政府，政府才不敢松懈。只有人人起来负责，才不会人亡政息。"

这是我们党的历史上一段著名的对话。毛泽东的话，回答了中国共产党人取得政权后，要跳出历史周期率的途径和办法。

其次，我们从毛泽东在党的七届二中全会上提出的"两个务必"重要论断来认识。1949 年 3 月 5 日至 13 日，在新民主主义革命即将取得全国胜利的前夕，党在河北省平山县西柏坡召开了七届二中全会。这次全会着重讨论了党的工作重心的战略转移，即工作重心由乡村转移到城市的问题。毛泽东在会上作了报告。针对党所处的历史方位发生的根本性变化，他强调指出："我们很快就要在全国胜利了。""夺取这个胜利，已经是不要很久的时间和不要花费很大的气力了；巩固这个胜利，则是需要很久的时间和要花费很大的气力的事情。""因为胜利，党内的骄傲情绪，以功臣自居的情绪，停顿起来不求进步的情绪，贪图享乐不愿再过艰苦生活的情绪，可能生长。""中国的革命是伟大的，但革命以后的路程更长，工作更伟大，更艰苦。这一点现在就必须向党内讲明白，务必使同志们继续地保持谦虚、谨慎、不骄、不躁的作风，务必使同志们继续地保持艰苦奋斗的作风。我们有批评和自我批评这个马克思列宁主义的武器。我们能够去掉不良作风，保持优良作风。我们能够学会我们原来不懂的东西。我们不但善于破坏一个旧世界，我们还将善于建设一个新世界。"毛泽东的报告深刻表达了中国共产党人要建设一个新中国，要为中国人民执好政的坚定决心和意志。

最后，我们从毛泽东和周恩来从西柏坡到北平的"进京赶考"的经典对话来认识。党的七届二中全会后，党中央由西柏坡迁往北平。1949年3月23日，毛泽东和周恩来乘车出发时有一段对话。毛泽东说，今天是进京的日子，进京赶考去。周恩来笑着回答说，我们应当都能考试及格，不要退回来。毛泽东说，退回来就失败了。我们决不当李自成，我们都希望考个好成绩。毛泽东和周恩来的对话，表现了中国共产党人准备迎接执政"大考"的清醒和良好精神状态。

以上三件事是中国共产党不同于其他任何政党的三个生动故事。故事虽小，但以小见大，从中可以窥见和了解新中国成立初期我们党提出反对官僚主义的历史大背景。

二、历史过程：新中国成立初期党领导开展的 五次反对官僚主义的斗争

新中国刚刚成立，党就发动和开展了反对官僚主义的斗争。从 1950 年至 1955 年，短短的 6 年时间进行了 5 次。

第一次：在整风中进行的反对官僚主义斗争。1950 年 5 月 1 日，新中国刚成立半年多时间，党中央就发出了《关于在全党全军开展整风运动的指示》，要求在全党全军进行一次整风运动，严格地进行全党整风尤其是干部整风。6 月，党的七届三中全会对这项工作作出部署。这次整风从 1950 年下半年开始，经分批整训，年底结束。主要任务是提高干部和一般党员的思想水平和政治水平，克服工作中所犯的错误，克服以功臣自居的骄傲自满情绪，克服官僚主义和命令主义，改善党和人民群众的关系。整风的重点对象是各级领导机关和干部。这次整风为在广大新区进行土地改革作了组织上和干部上的准备。

第二次：在整党中进行的反对官僚主义斗争。1950 年的整风时间较短，只是初步解决了党员干部工作作风方面

的问题，还来不及解决党内思想不纯和组织不纯等问题。随着政治形势和财政经济状况的基本好转，1951年2月，《中共中央政治局扩大会议决议要点》提出以三年时间进行一次整党的任务。整党工作从1951年下半年开始有步骤地展开。1952年"三反"运动全面开展后，党中央先后于2月、5月发出两个指示，要求把"三反"运动同整党结合起来进行，在"三反"运动的基础上进行整党建党工作。经过这次整党，党在组织成分和党员素质方面有了明显改善和提高。

第三次：在反对贪污、反对浪费中进行的反对官僚主义斗争。1951年12月1日，党中央作出《中共中央关于实行精兵简政、增产节约、反对贪污、反对浪费和反对官僚主义的决定》（以下简称《决定》）。《决定》指出，进城两年来，严重的贪污案件不断发生，证明党的七届二中全会所提出的防止和克服资产阶级思想腐蚀的正确性。现在是切实执行这一方针的时候了，否则就会犯大错误。我们党为什么要作出这个《决定》呢？1951年10月23日，毛泽东在全国政协一届三次会议上提出，为了继续坚持抗美援朝这个必要的正义斗争，我们需要增加生产，厉行节约。会议向全国发出了开展增产节约运动的号召。在运动开展过程中，暴露出各级党政机关内部存在着许多惊人的贪污、浪费现象和官僚主义问题。11月1日，东北局向中央报告开展增产节约运动的情况，列举了沈阳市部分单位揭发出的问题。报告讲到，有的人奉行"厚俸才能养廉，薪水这样低不能不贪污""从公家那里捞一把是可以的，只要查不出来就行""不会贪污，不会捞一把是傻瓜"等错误思想，大肆贪污。仅工商局各专业公司等单位就查出有贪污行为者3629人。揭发出来的浪费现象也很严重。比如，东北造币厂因印刷不合格造成极大浪费，东北银行金银管理处把30两黄金丢在化金炉中竟然不知道，军区油料部仓库漏油40多吨，后勤军需部物资保管失当损失巨大。而这些现象的发生都与严重的官僚主义有关。11月29日，华北局向党中央报告了河北省揭发出刘青山、张子善二人在任中共天津地委书记、天津行署专员期间堕落成大贪污犯的严重情况。各中央局报告的情况，引起了党中央和毛泽东的高度重视。党中央就是在这样一种情况下决定开展"三反"运动的。"三反"运动从1951年底开始，到1952年10月底结束。运动的开展，遏制了贪污现象，制止了浪费现象，对国家机关中的官僚主义也给予了有力打击。

第四次：在反对命令主义、反对违法乱纪中进行的反对官僚主义斗争。1953年1月5日，党中央发出《中共中央关于反对官僚主义、反对命令主义、反对违法乱纪的指示》，要求各级党委结合整党建党及其他工作，从处理人民来信入手，认真开展一次反对官僚主义、反对命令主义、反对违法乱纪的斗争。紧接着，党中央于1月24日作出《转发天津市委关于反官僚主义斗争总结报告和华北局相关文件的批示》；于2月3日作出《关于贯彻反对官僚主义、反对命令主义、反对违法乱纪的指示给华东局的批复》；于3月3日作出《批转习仲勋关于文委党组布置反官僚主义斗争的报告》；于3月4日作出《关于反官僚主义、反命令主义、反违法乱纪斗争中有关问题的指示》；于3月28日作出《关于在中央一级机关中具体执行〈中共中央关于开展反对官僚主义、反对命令主义、反对违法乱纪的指示〉的决定》；于5月9日作出《批转人事部党组关于检查官僚主义的报告》；等等。

为什么在"三反"运动结束才两个多月时间后，党中央又要继续部署开展反对官僚主义的斗争呢？中央认为："我党在'三反'中基本上解决了中央、大行政区、省市和专区四级许多工作人员中的贪污和浪费两个问题，也基本上解决了许多领导者和被领导的机关人员相脱离的这一部分官僚主义的问题。但对于不了解人民群众的痛苦，不了解离开自己工作机关稍为远一点的下情，不了解县、区、乡三级干部中存在着许多命令主义和违法乱纪的坏人坏事，或者虽然对于这些坏人坏事有一些了解，但是熟视无睹，不引起义愤，不感觉问题的严重，因而不采取积极办法去支持好人，惩治坏人，发扬好事，消灭坏事，这样一方面的官僚主义，则在许多地区，许多方面和许多部门，还是基本上没有解决。"这次斗争当时被称为新"三反"斗争。

这次斗争没有采取"三反"运动暴风骤雨式的方法步骤进行，而是紧密结合当时的各种工作和学习，有领导、有计划、有重点、有步骤地进行。中央一级机关和各地区的做法也有所不同。中央一级机关以反对官僚主义斗争为重点，但同时也不放松对某些命令主义与违法乱纪现象的斗争。开展的主要方法是检查工作，同时开展批评和自我批评。检查工作以自上而下与自下而上相结合，把检查工作与当前正在进行的工作联系起来，一面检查，一面建设，并注意区分不同性质的问题。各地则根据自己的不同情况，拟出具体计划和办法，将执行情况随时报告党中央。这次新"三反"反对官僚主义的斗争，在"三反"运动成效的基础上又取得新进展，也是对"三反"运动反对官僚主义斗争成果的一个巩固。

第五次：在整编中进行的反对官僚主义斗争。1955 年 4 月 2 日，党中央批转了上海市政府机关党委关于市府几个单位组织机构中的官僚主义情况的报告及上海局、上海市委的批语。中央的批语指出："类似上海市府几个单位中的机构臃肿，人浮于事，严重浪费人力、物力、财力，滋长官僚主义的现象，是目前全国各级组织中（包括中央各部门在内）普遍存在的问题，必须引起各级党委、中央各部委党组的重视。克服这种浪费现象，节约人力、财力、物力，合理地使用到需要的方面去，并克服领导机关的官僚主义和文牍主义，改进机关工作，这是当前国家在大规模经济建设中一项极为重要的措施。"中央要求，各地区、各部门，仿照上海的做法，结合日常工作，对自己所领导的组织机构有领导有计划地进行一次检查，彻底清查和揭发行政机关及各工厂、企业编制中的不合理现象和各种官僚主义，提高认识，以便进一步合理地调整编制，精简机构，改进领导作风。中央各部委党组和各地区党委在接到党中央的这个指示后，都普遍进行了一次在整顿编制工作中的反对官僚主义斗争。这是继前 4 次之后，在全党范围内开展的又一次反对官僚主义的斗争。

在新中国成立初期的 6 年时间里，我们党连续发起和开展了 5 次反对官僚主义的斗争，这在党的历史上是极为罕见的。研究这段历史，我们可以看到，正是大力进行的反对官僚主义斗争，才确保我们党密切联系了群众，才使我们党成功领导了新中国成立初期国家的各项事业，顺利进行了政权建设、土地改革、镇压反革命、"三反""五反"运动，为抗美援朝的胜利、国民经济的恢复、第一个五年计划的实施，为新民主主义向社会主义的过渡和转变，提供了坚强的组织和政治保障。

三、历史启示：新中国成立初期党领导开展反对官僚主义斗争的历史经验

历史是最好的教科书。由于国际国内、党内党外、体

制机制等各方面原因，官僚主义今天仍然是党内不良作风的一个顽瘴痼疾。要把反对官僚主义的斗争进行到底，我们就必须以习近平新时代中国特色社会主义思想为指导，思考研究现实问题，同时应借鉴历史经验，特别是我们党在历史上领导开展反对官僚主义斗争的经验，从中汲取智慧和力量。那么，新中国成立初期党领导开展反对官僚主义斗争的这段历史能给我们提供哪些有益的历史经验呢？

经验一：坚定斗争决心，充分认识反对官僚主义的极端重要性。我们党高度重视反对官僚主义的斗争，很早就认识到了官僚主义对党的事业的危害性。1933 年 8 月，毛泽东在《必须注意经济工作》中指出："动员群众的方式，不应该是官僚主义的。官僚主义的领导方式，是任何革命工作所不应有的，经济建设工作同样来不得官僚主义。要把官僚主义方式这个极坏的家伙抛到粪缸里去，因为没有一个同志喜欢它。"

1951 年 12 月，毛泽东在审阅党中央开展"三反"运动决定稿时指出："自从我们占领城市两年至三年以来，严重的贪污案件不断发生，证明一九四九年春季党的二中全会严重地指出资产阶级对党的侵蚀的必然性和为防止及克服此种巨大危险的必要性，是完全正确的，现在是全党动员切实执行这项决议的紧要时机了。再不切实执行这项决议，我们就会犯大错误。"他还强调，官僚主义作风"是贪污和浪费现象所以存在和发展的根本原因。中央要求党的各级领导机关在此次精兵简政的工作中，在展开全国规模的爱国增产节约运动中，在进行反对贪污和反对浪费的斗争中，同时展开一个反对官僚主义的斗争"。

1952年5月9日，他在讲到"三反""五反"运动的必要性时强调，如果我们不进行这一正义的斗争，我们就会失败。我们党在开展新"三反"斗争中，也深刻认识到官僚主义作风是滋长干部强迫命令、违法乱纪的温床。反对官僚主义是纠正干部强迫命令、违法乱纪的关键。历史事实表明，新中国成立初期，面对全党工作重心的转移，面对党在全国执政后带来的风险，必须把反对官僚主义斗争放到"成败与否"的高度去认识。我们党正是这样做了，才经受住了考验。

党的十八大之后，习近平总书记深刻洞察党的建设方面存在的突出问题，指出："面对世情、国情、党情的深刻变化，精神懈怠危险、能力不足危险、脱离群众危险、消极腐败危险更加尖锐地摆在全党面前，党内脱离群众的现象大量存在，一些问题还相当严重，集中表现在形式主义、官僚主义、享乐主义和奢靡之风这'四风'上。"他特别指出："形式主义、官僚主义害死人！"它们"是阻碍党的路线方针政策和党中央重大决策部署贯彻落实的大敌"。"工作作风上的问题绝对不是小事，如果不坚决纠正不良风气，任其发展下去，就会像一座无形的墙把我们党和人民群众隔开，我们党就会失去根基、失去血脉、失去力量。"正是从作风建设特别是从整治"四风"入手，以小博大，党风才得以根本好转，党的建设才得到极大加强。

经验二：做好长期斗争的思想准备，坚持不懈地反对官僚主义。新中国成立初期，我们党之所以连续开展反对官僚主义斗争，是因为党在实践中逐渐认识到反对官僚主义绝不是一朝一夕的事，也不是一蹴而就、一劳永逸的事。党在新中国成立初期发动的"三反"运动声势浩大，时间长达近一年。但是，在运动结束后不久，党中央就发现，中央、大行政区、省市、专区机关和党的领导干部，对县、区、乡三级干部中发生的危害群众利益的问题，仍然存在着不了解、不掌握或听之任之、熟视无睹的严重官僚主义问题。

于是，党中央在 1953 年 1 月 5 日向全党发出了新"三反"的指示。指示指出，官僚主义在许多地区、许多方面和许多部门，还是基本上没有解决。"即如处理人民来信一事，据报山东省政府就积压了七万多件没有处理，省以下各级党政组织积压了多少人民来信，则我们还不知道，可以想象是不少的。这些人民来信大都是有问题要求我们给他们解决的，其中许多是控告干部无法无天的罪行而应当迅速处理的。山东如此，各省市的情况，究竟如何，我们没有接到像山东分局这样集中反映的报告，但已有不少的材料可以判断，有很多地方是和山东的情况相似的。"指示强调："官僚主义和命令主义在我们的党和政府，不但在目前是一个大问题，就是在一个很长的时期内还将是一个大问题。"

1953 年 2 月 3 日，党中央在给华东局的批复中明确指出："反对官僚主义是一个长期的、经常的斗争，不能像'三反'一样，采取短期的突击。"这是我们党在进行反对官僚主义斗争实践中得出的一个重要结论。历史事实证明，这个结论是完全正确的。

党的十八大之后，党中央全面从严治党，坚持重在持久，常抓不懈。习近平总书记指出："作风建设永远在路上，永远没有休止符，不可蜻蜓点水，不可虎头蛇尾，不可只是一阵风，否则不仅不可能从根本上解决问题，而且会导致作风问题不断反弹、愈演愈烈，最后失信于民。"反对官僚主义斗争，必须保持定力，持之以恒，久久为功。

经验三：结合不同时期的中心工作，增强反对官僚主义的针对性实效性。新中国成立初期党领导开展的五次反对官僚主义斗争，都是紧密结合当时党的中心工作进行的。整风和整党中进行的反对官僚主义，是为了适应形势的变化和重心任务的转移，对党员和干部提出新的要求。"三反"运动的开展，直接原因是为了保障全国进行的爱国增产运动。党中央在 1951 年 12 月 1 日作出的开展"三反"运动的决定指出，为了支持抗美援朝战争，为了进行国内各项建设，特别是为了建设能够带动农业、轻工业向前发展的重工业和国防工业，需要很多资金，而我们国家"资金的来源只有增产节约一条康庄大道"。开展"三反"运动，就是为了增产节约，促进国家的经济建设。

1953 年 1 月，党中央部署开展新"三反"斗争时，在所作的多次指示批示中，都不断强调这项斗争要结合整党建党、全国普选以及其他各项工作一道进行。1953年2月13日，毛泽东在起草的中央军委给陈毅并华东军区党委的批语中，同意陈毅提出的"脱离中心工作任务去孤立地空反官僚主义，达不到深入实际的目的"的意见。1955年开展的反对官僚主义斗争也是结合当时的整编和精简工作进行的。

党的十八大之后，我们党全面从严治党，是从落实中央八项规定切入、从纠正"四风"开始的。但目的是密切党同人民群众的血肉联系，保持党的先进性和纯洁性，使我们党成为中国特色社会主义事业的坚强领导核心。保持优良作风，是我们党和国家各项事业不断取得胜利的重要保证。

经验四：探索完善治本之策，在建构反对官僚主义制度体系上下功夫。新中国成立初期开展的五次反对官僚主义斗争，党都强调走群众路线，进行思想教育，注意掌握政策、区分不同性质矛盾，坚持民主集中制，大兴调查研究之风，开展批评和自我批评，建立检查制度，主要领导亲自动手，建立请示报告制度，正面典型示范，反面典型通报曝光，精简办事机构，建立逐级责任制等问题。这些做法都是我们党在实践中不断探索总结出来的行之有效的做法。

党的十八大之后，我们党既继承和坚持党的历史上的成功经验，又不断总结和探索实践中的新鲜经验。历史表明，反对官僚主义，制度建设至关重要。习近平总书记指出："解决'四风'问题，要标本兼治，既治标又治本。治标，就是要着力针对面上'四风'问题的各种表现，该纠正的纠正，该禁止的禁止。治本，就是要查找产生问题的深层次原因，从理想信念、工作程序、体制机制等方面下功夫抑制不正之风。""要从体制机制层面进一步破题，为作风建设形成长效化保障。"

（原载《党的文献》2021 年第 3 期）

准确把握全面从严治党的
新内涵新要求

党的十八届六中全会强调："办好中国的事情，关键在党，关键在党要管党、从严治党。"准确把握新形势下全面从严治党的新内涵新要求，对于我们学习领会和贯彻落实六中全会精神，全力推进党的建设新的伟大工程，为全面建成社会主义现代化强国、实现中华民族伟大复兴具有重要意义。

一、全面从严治党是对马克思主义党建
理论的继承和发展

马克思主义政党是新型的工人阶级政党，它不同于其

他政党的显著标志，就是以科学理论为指导，全心全意为人民服务，实行民主集中制，有着严明的组织纪律，坚持高度的集中和团结统一。这是马克思主义政党独特和强大的政治优势。

从严治党是我们党加强自身建设的一贯要求和优良传统。我们党自成立以来，就一直按照马克思主义政党的标准严格要求和管理党组织和党员干部。从三湾改编提出把"支部建在连上"到古田会议确定思想建党原则，从整风运动解决当时党内存在的突出问题到党的七届二中全会提出"两个务必"，从解放战争时期整党整军到新中国成立初期处决刘青山、张子善，从制定《关于党内政治生活的若干准则》到出台中央八项规定，从保持党的先进性教育到党的群众路线教育实践活动，我们党始终坚持把从严治党贯穿到思想、组织、作风、制度和反腐倡廉建设的各项实践中。正是始终坚持从严治党，始终保持党的先进性和纯洁性，我们党才能成为中国革命、建设和改革事业的坚强领导核心，才能团结带领全国各族人民不断取得革命、建设和改革开放的伟大胜利。

全面从严治党是党的建设理论的新发展。党的十八大以来，以习近平同志为核心的党中央举旗亮剑，谋篇布局，从实行中央八项规定、改进作风切入，以上率下，并不断加大反腐败工作力度，坚持"老虎""苍蝇"一起打，紧紧围绕全面从严治党提出了一系列新要求，作出了一系列新部署，出台了一系列新举措，开创了党的建设和各项事业发展的新局面。在改革开放的实践中，在具有许多新的历史特点的伟大斗争中，形成了习近平总书记关于从严治党的重要论述。关于新形势下如何坚持从严治党，2014 年 10 月 8 日，习近平总书记在党的群众路线教育实践活动总结大会上的讲话中，提出了八个方面的要求：落实从严治党责任；坚持思想建党和制度治党紧密结合；严肃党内政治生活；坚持从严管理干部；持续深入改进作风；严明党的纪律；发挥人民监督作用；深入把握从严治党规律。2014年 12 月，他在江苏考察时提出了全面从严治党的新概念新范畴，并将其作为"四个全面"战略布局的三大战略举措之一。关于如何推进全面从严治党，2016 年 1 月 12 日，习近平总书记在十八届中央纪委六次全会上的讲话中，提出了"全面从严治党，核心是加强党的领导，基础在全面，关键在严，要害在治"的重要论述，深刻阐释了全面从严治党的新内涵，明确提出了管党治党的新要求。

二、全面从严治党新内涵新要求为新形势下
管党治党指明了方向

全面从严治党，核心是加强党的领导。中国特色社会主义最本质的特征是中国共产党的领导，中国特色社会主义的最大优势是中国共产党的领导。办好中国的事情，实现第二个百年奋斗目标、实现中华民族伟大复兴的中国梦，关键在党。在世情国情党情的深刻变化中，我们党要经受"四大考验"，克服"四种危险"，巩固党的执政地位，完成党的执政使命，就必须全面从严治党。全面从严治党是我们立下的军令状，是我们党夺取具有许多新的历史特点的伟大斗争新胜利的根本保证。只有全面从严治党，不断增强党自我净化、自我完善、自我革新、自我提高的能力，才能提高党驾驭全局、推动发展、化解矛盾、应对风险的能力，承担起历史赋予我们党的崇高使命，确保党始终成为中国特色社会主义事业的坚强领导核心。

全面从严治党，基础在"全面"。"全面"就是全方位、

全覆盖、全过程，就是管全党、治全党，面向全体党员、所有党组织，覆盖党的建设各个领域、各个方面、各个部门，重点是抓住"关键少数"。"全面"既体现为"治党"对象的全方位、全覆盖、全过程，也体现为"治党"内容的全方位、全覆盖、全过程，同时还体现为"治党"目标、手段、方法的全方位、全覆盖、全过程。简言之，全面从严治党要靠全党、管全党、治全党。就"治党"对象来说，就是党的各级组织、各级领导干部和全体党员都对全面从严治党负有责任，既是主体，也是客体；既是监督者，也是被监督者；既是依靠对象，也是"管""治"对象。就"治党"内容来说，包括思想建设、组织建设、作风建设、反腐倡廉建设、制度建设等各方面的建设。就"治党"目标来说，既治标又治本，既抓大又抓小，既立足当前又着眼长远。就"治党"手段来说，既继承又创新，既注重体制又注重机制。就"治党"方法来说，既惩戒又激励，既靠教育又靠制度；既有党内监督又有党外监督，既实施横向监督又实施纵向监督。

全面从严治党，关键在"严"。"严"就是真管真严、敢管敢严、长管长严。世间事，做于细，成于严。从严是我们做好一切工作的重要保障。我们共产党人最讲认真，讲认真就是要"严"字当头，做事不能应付，做人不能对付，而是要把讲认真贯彻到一切工作中去。要把"严"贯穿到管党治党的各方面，贯穿到党的建设的全过程。要思想教育从严，干部管理从严，党内政治生活从严，纪律约束从严，作风要求从严，反腐倡廉从严，制度建设从严，把党的建设的各项任务落深落细落小落实。

全面从严治党，要害在"治"。"治"就是从党中央到省市县党委，从中央部委、国家机关部门党组（党委）到基层党支部，都要肩负起主体责任，党委书记要把抓好党建当作分内之事、必须担当的职责；各级纪委要担负起监督责任，敢于瞪眼黑脸，勇于执纪问责。只有这些关键主体的责任落实了，才能实现严格之"治"、认真之"治"、及时之"治"，才能使管党治党真正从宽、松、软走向严、紧、硬。

三、全面从严治党新内涵新要求是加强和改进党的建设的基本遵循

以思想建党为根本。理想信念是共产党人精神上的

"钙"。理想信念坚定，骨头就硬；没有理想信念，或理想信念不坚定，精神上就会"缺钙"，就会得"软骨病"，就可能导致政治上变质、经济上贪婪、道德上堕落、生活上腐化。从严治党，首先就要坚定党员干部的理想信念。要深入开展理想信念和宗旨教育，加强党性和道德教育，引导党员干部坚定对马克思主义的信仰，坚定对社会主义和共产主义的信念，坚守共产党人的精神追求，筑牢思想上拒腐防变的堤坝。

以制度治党为保障。制度问题更带有根本性、全局性、稳定性、长期性。党要管党，全面从严治党，必须有坚强的制度作保证。要坚持思想建党和制度治党紧密结合，全方位扎紧制度笼子，用制度治党，依法依规治党。法律是治国理政最大最重要的规矩，任何人都没有法律之外的绝对权力。要构建以党章为根本、若干配套党内法规为支撑的党内法规制度体系。要狠抓制度执行，坚持制度面前人人平等、执行制度没有例外，不留"暗门"、不开"天窗"，坚决维护制度的严肃性和权威性。

以从严治吏为重点。干部掌握着方方面面的权力，是党的理论和路线方针政策的具体执行者，如果干部队伍素质不高、作风不正，党的建设不可能搞好。要坚持好干部的五条标准，即"信念坚定、为民服务、勤政务实、敢于担当、清正廉洁"，以严的标准要求干部，以严的措施管理干部，以严的纪律约束干部，使干部心有所畏、言有所戒、行有所止。要加强对领导干部特别是"一把手"这个"关键少数"的监督和管理，将其作为从严治吏的重中之重，使其在其位谋其政，既廉又勤，既干净又干事。

以党的作风建设为主题。作风问题关系人心向背，关系党的生死存亡。如果不注重作风建设，听任不正之风侵蚀党的肌体，就有失去民心、丧失政权的危险。要以最严格的标准、最严厉的举措治理作风问题，抓常、抓细、抓长，持续努力、久久为功。各级干部要从我做起、从小事做起，带头坚守正道、弘扬正气，努力营造良好从政环境。

以严肃党内政治生活为基础。党要管党必须从党内政治生活管起，从严治党必须从党内政治生活严起。严肃党内政治生活，最根本的就是要使全党各级组织和全体党员干部都按照党内政治生活准则和党的各项规定办事。要坚持实事求是、理论联系实际、密切联系群众、批评和自我批评、民主集中制、严明党的纪律等为主要内容的党内政治生活基本规范，下大气力解决好影响严肃认真开展党内政治生活的各种问题，增强党内政治生活的政治性、时代性、原则性、战斗性，增强政治意识、大局意识、核心意识、看齐意识，切实做到对党忠诚、为党分忧、为党担责、为党尽责。

以严明纪律为治本之策。纪律严明是党的光荣传统和独特优势。严明党的纪律，首先要严格遵守党章。党章是党的根本大法，是全党必须遵守的总规矩。必须严明政治纪律。政治纪律是党的纪律中最重要、最根本、最关键的纪律，遵守党的政治纪律是遵守党的全部纪律的重要基础。必须严明组织纪律，使纪律真正成为带电的高压线。

以抓基层为固本之举。党的基层组织是党的全部工作和战斗力的基础。贯彻党要管党、从严治党方针，必须扎实做好抓基层、打基础的工作，使每个基层党组织都成为坚强战斗堡垒。要建立严密的基层党组织工作制度，使基层党组织的领导方式、工作方式、活动方式更加符合服务群众的需要，全面提高基层党组织凝聚力战斗力。要重视基层、关心基层、支持基层，加大基层投入力度，加强带头人队伍建设，确保基层党组织有资源、有能力为群众服务。

以反腐倡廉为关键。腐败是社会毒瘤，如果任凭腐败问题愈演愈烈，最终必然亡党亡国。反腐倡廉是党心民心所向，必须常抓不懈。要不断健全惩治和预防腐败体系，坚持惩治这一手不放松。要加强反腐倡廉教育和廉政文化建设，不断推进反腐败体制机制创新。

（原载《求是》2016 年第 21 期）

群众路线是党的生命线和
根本工作路线

2013年7月25日10点30分，人民网"群众路线大讲堂"栏目邀请曲青山同志与网友进行交流。

我今天报告的题目是"群众路线是党的生命线和根本工作路线"，围绕学习领会习近平总书记在党的群众路线教育实践活动工作会议上的重要讲话精神，谈点学习认识和体会。我讲四个大问题：第一，群众路线的形成和发展过程；第二，群众路线的哲学基础和实践探索；第三，群众路线对党的极端重要性；第四，当前开展党的群众路线教育实践活动的重大意义、指导思想、主要任务和总要求。

一、群众路线的形成和发展过程

讲到党的群众路线，我们就要搞清楚什么是党的群众路线？其准确、完整、规范、权威的表述是什么？这种表述到哪里去找？我认为应到《中国共产党章程》中去找。因为，党章是党的总章程，是党内的根本大法。党的十八大对党章提出了修正案，修正后的党章（实际上这一部分没有改动）对党的群众路线是这样表述的："党在自己的工作中实行群众路线，一切为了群众，一切依靠群众，从群众中来，到群众中去，把党的正确主张变为群众的自觉行动。"就是五句话，概括地说，就是"两个一切，一来一去"。这个表述是迄今为止我们党对党的群众路线最简洁、最规范、最准确、最权威、最完整的表述。

如果对党的群众路线作个定位和定义的话，什么是党的群众路线？群众路线是中国共产党在革命、建设和改革的长期实践中创造和发展起来的，被实践证明是正确的、行之有效的实现党的思想路线、政治路线、组织路线的根本工作路线，是党的领导经验的深刻总结，是党的集体智慧的结晶，是党的一个优良传统和政治优势。

在党的历史上，群众路线是怎样形成和发展的呢？下面我根据党的历史文献资料，从四个方面作简要叙述和介绍。

（一）群众路线问题的最早提出

中国共产党于 1921 年创立，在 1922 年党的文件上就提出了重视群众工作的问题。但是，我们现在所讲的群众路线是在大革命失败以后，在红军创立时期开始孕育和产生的。1927 年 9 月，毛泽东领导发动了秋收起义，10 月他率领部队上了井冈山，创建了中国第一块较为完整的农村革命根据地。这时候，根据地如何建设、如何巩固和发展的问题被提了出来，其中就涉及如何处理党和红军与人民群众的关系问题。

在我们党的历史上最早使用"群众路线"这个概念的是李立三。他在 1928 年 11 月与江浙地区党的负责人谈话时使用了这个概念。

1929 年 9 月，周恩来在负责起草中央给红四军前委的指示信（党的历史上称之为"九月来信"）的时候，涉及"群众路线"这个概念。当时，这封信里说道：关于筹款工作，亦要经过群众路线，不要由红军单独去干。

毛泽东十分重视群众工作，他使用了这一概念以后，在他的一系列讲话、指示、报告和文章中多次阐述和强调深入群众、动员群众、组织群众、宣传群众、教育群众、依靠群众、尊重群众、关心群众的一系列问题。当时对红军是否要做群众工作，群众工作在党内和红军工作中处于什么样的地位等问题，在党内和红军中的认识并不统一。而这又直接涉及红军的性质，涉及军事和政治的关系，涉及红军应该采取什么样的战略战术等问题。毛泽东正是在说明和解决这些问题的过程中提出和阐发了党的群众路线的思想和观点。毛泽东强调："红军是一个执行革命的政治任务的武装集团。""红军决不是单纯地打仗的，它除了打仗消灭敌人军事力量之外，还要负担宣传群众、组织群众、武装群众、帮助群众建立革命政权以至于建立共产党的组织等项重大的任务。"他说，我们的战术是游击战，"分兵以发动群众，集中以应付敌人"。他认为政治观点即群众观点。他批评了红四军中一些同志存在的单纯军事观点。因此，在红军初创的早期，土地革命战争的初期，"为了谁、依靠谁"的问题就这样历史地、不可避免地提出来了。

（二）群众路线的初步阐述

实现党的群众路线的途径和方法是什么？如何去实行？以毛泽东同志为主要代表的中国共产党人在实践中不断地探索和总结。1943 年 6 月，毛泽东在为中共中央起草的《关于领导方法的若干问题》中，第一次较为系统地对党的群众路线进行了阐述。他说："在我党的一切实际工作中，凡属正确的领导，必须是从群众中来，到群众中去。这就是说，将群众的意见（分散的无系统的意见）集中起来（经过研究，化为集中的系统的意见），又到群众中去作宣传解释，化为群众的意见，使群众坚持下去，见之于行动，并在群众行动中考验这些意见是否正确。然后再从群众中集中起来，再到群众中坚持下去。如此无限循环，一次比一次地更正确、更生动、更丰富。这就是马克思主义的认识论。"这段话是对党的群众路线，以及党对群众基本领导和工作方式方法进行的总结和概括。虽然在阐述问题的时候，没有提出和强调党的群众观点，但党的群众工作如何去做，如何实行党的群众路线，已经科学地、十分清晰地阐述清楚了。

（三）群众路线的进一步发展和完善

党的七大召开前所作的《关于若干历史问题的决议》，系统总结了我们党成立以来特别是党的六大以来与"左"倾错误斗争的历史，总结了党的群众路线思想。在党的七大上，毛泽东作了《论联合政府》的书面政治报告和《愚公移山》的闭幕词讲话。他在报告和讲话里都着重阐述和强调了群众路线的问题。这些关于群众路线的基本精神，集中反映在党的七大通过的党章中。这是我们党第一次在党章中系统地阐述群众路线问题，概括了建党以来特别是土地革命战争时期和抗日战争时期关于群众路线的理论和实践。虽然七大的党章的总纲阐述中还没有正式使用党的群众路线的概念，但对党的群众观点，党领导群众的领导方法、工作方法已经阐述得很清楚。

在党的七大上，刘少奇代表党中央作的关于修改党章的报告中，专门设了一个部分来论述毛泽东关于群众路线的思想。他首先明确了群众路线在毛泽东思想中的重要地位。刘少奇指出，"我们党代表中国民族与中国人民的利益"，"这是我们党与毛泽东思想根本的东西"。我们党之所以获得伟大的成就，就"在于坚持地实行了为人民服务的基本原则"。他强调，党的群众路线，"是我们党的根本的政治路线，也是我们党的根本的组织路线"。把群众路线放在这样的高度上予以定位，这在党的历史上还是第一次。他重点阐述了什么是党的群众观点的问题，把毛泽东在这个问题上的思想观点作了4个方面的系统概括，即："一切为了人民群众的观点，一切向人民群众负责的观点，相信群众自己解放自己的观点，向人民群众学习的观点。"他强调："有了坚固的明确的这些群众观点，才能有明确的工作中的群众路线，才能实行正确的领导。"这里，他把群众观点的重要性，群众观点与群众路线的关系，阐述得非常清楚。

1956年在党的八大上，我们党对群众路线作了进一步发展和完善。这集中体现在八大党章和邓小平所作的关于修改党章的报告中。党的八大在党章的总纲中，第一次在党的历史上把"群众路线"写入党章。八大的党章并对党的群众观点和群众路线进行了阐述，但没有对群众路线作出定义。邓小平在关于修改党章的报告中说："从第七次大会到现在的十一年间，党的实际斗争的经验，给了这一路线以更深刻更丰富的内容，因而在党章草案中，这一路线也得到了进一步的反映。"八大党章根据党执政后的状况发生的变化，要求全党继续坚持群众路线，"特别应当注意谦虚谨慎，戒骄戒躁"，"同脱离群众、脱离实际生活的官僚主义现象进行斗争"。邓小平根据毛泽东的论述，对党的群众路线理论作了进一步阐发，提出要通过建立制度和加强监督来保证群众路线的贯彻，使党不脱离群众。他所做的一个重要理论工作，就是概括了群众路线的内涵。他指出："什么是党的工作中的群众路线呢？简单地说来，它包含两方面的意义：在一方面，它认为人民群众必须自己解放自己；党的全部任务就是全心全意地为人民群众服务；党对于人民群众的领导作用，就是正确地给人民群众指出斗争的方向，帮助人民群众自己动手，争取和创造自己的幸福生活。""每一个党员必须养成为人民服务、向群众负责、遇事同群众商量和同群众共甘苦的工作作风。""在另一方面，它认为党的领导工作能否保持正确，决定于它能否采取'从群众中来，到群众中去'的方法。"这样表述，就用群众路线这个大的范畴和总的概念，把群众观点和群众工作方法都统到一起，使群众路线的内涵更加明确了，内容更加丰富了，表述上也更加完善了。

（四）党的群众路线的高度提炼和概括

1981 年 6 月，党的十一届六中全会通过了《关于建国以来党的若干历史问题的决议》。这个决议对毛泽东思想进行了论述，特别是对毛泽东思想活的灵魂的三个基本方面进行了论述，即：实事求是、群众路线、独立自主。决议对群众路线论述的时候，对群众路线进行了高度的提炼和概括。这就是决议指出的：群众路线就是"一切为了群众，一切依靠群众，从群众中来，到群众中去"。这是党的文献中第一次从定义的角度对党的群众路线进行的高度概括。

翻阅党的历史文献，我们可以看到党的七大党章对群众路线的观点和思想进行了阐述。党的八大党章对群众路线这个概念予以使用，对这个问题也进行了阐述，但是没有下定义。党的九大党章拿掉了对群众路线的阐述。党的十大党章恢复了党的三大作风的表述，但没有提群众路线。党的十一大党章提出，要坚持党的实事求是和群众路线的优良传统，又恢复和出现了群众路线的概念，但没有展开论述。党的十一届六中全会通过的《关于建国以来党的若干历史问题的决议》，对毛泽东思想活的灵魂的三个基本方面之一的群众路线作了四句话的定义。党的十二大党章发扬了党的七大、八大的很多优良传统，恢复了很多七大、八大党章的内容，又增加了许多新内容。因此，党的十二大党章在表述党的群众路线的时候又展开了。十二大党章写道："党坚持用共产主义思想教育群众，并在自己的工作中实行群众路线。一切为了群众，一切依靠群众，把党的正确主张变为群众的自觉行动。"这个表述比十一届六中全会历史决议的表述少了"从群众中来，到群众中去"两句话，增加了"把党的正确主张变为群众的自觉行动"这一句话。党的十三大党章和十二大党章的表述是一样的。到了党的十四大党章，在表述上又加上了《关于建国以来党的若干历史问题的决议》的那两句话，成为我们今天一直在使用的五句话的经典表达。因此，从党的十四大党章到党的十八大党章对群众路线表述的基本内容一直延续下来，这就是："一切为了群众，一切依靠群众，从群众中来，到群众中去，把党的正确主张变为群众的自觉行动。"当然，在阐释群众路线重要性的时候，党的十四大、十六大、十七大党章都增加了许多重要内容，这里我就不展开讲了。在五句话中，"两个一切"是党的最根本的群众观点，"一来一去"是党的群众路线的主要领导途径和工作方式方法，它们二者构成了党的群众路线的最主要内容。

此后，我们党对党的群众观点进一步地丰富和发展。1990年3月，党的十三届六中全会通过的《中共中央关于加强党同人民群众联系的决定》，提出了6个要对广大党员干部进行教育的群众观点。这6个观点，除了刘少奇、邓小平在党的七大、八大阐述的要向人民群众学习的观点以外，又提出了其他许多新观点。比如，牢固树立人民群众是历史创造者的观点，全心全意为人民服务的观点，干部的权力是人民赋予的观点，对党负责与对人民负责相一致的观点，党要依靠群众又要教育和引导群众前进的观点。2010年中央又提出和增加了立党为公、执政为民的观点，群众利益无小事的观点，等等。这些观点是"两个一切"根本观点的延伸、拓展、丰富和完善。这一系列的观点里面，我认为最主要的就是"一切为了群众""一切依靠群众"。"一切为了群众"，最核心的问题就是党一切的奋斗是为了谁。"一切依靠群众"，最本质的问题就是党的工作要依靠谁。这两个是党的群众观点中最根本的观点，其他观点都是在这两个观点的基础上展开、丰富和完善的，是对党的群众路线的继承、创新和发展。

在改革开放和社会主义现代化建设新时期，以邓小平同志、江泽民同志、胡锦涛同志为主要代表的中国共产党人以及党的十八大以后以习近平同志为核心的党中央，都对党的群众路线有新的阐发和论述，都为党的群众路线的丰富和发展增添了新思想、新观点、新内容。这些新思想、新观点、新内容集中反映和体现在十二大以来党的历次全国代表大会的报告和党章修正案，以及十一届三中全会以来我们党召开的历届中央全会所作的决定、决议和党的主要领导人的讲话之中。

二、群众路线的哲学基础和实践探索

（一）群众路线的哲学基础

群众路线的哲学基础是马克思主义的辩证唯物主义和历史唯物主义。辩证唯物主义和历史唯物主义是马克思主义的三大组成部分之一。而唯物史观和唯物辩证法提供给我们的是科学的世界观和方法论，是我们认识世界、改造世界的强大思想武器。

"一切为了群众"，是由我们党的性质和宗旨决定的。从马克思主义关于阶级、政党与人民群众的关系来看，我们党是工人阶级政党，党是为人民的利益而存在和奋斗的，全心全意为人民服务是我们党的根本宗旨。离开人民，党的一切奋斗和理想不但都会落空，而且都要变得毫无意义。无产阶级只有解放全人类，最后才能解放自己。

"一切依靠群众"，是由人民群众的历史地位和作用决定的。马克思主义认为，人民群众是实践和认识的主体，是历史的创造者，是社会前进的动力；人民群众是社会物质财富的创造者、社会精神财富的创造者，也是社会变革的决定力量。

"从群众中来，到群众中去"，是我们党实行的根本组织制度和领导制度。马克思主义的认识论认为，人的认识来源于人民群众的实践，认识的过程也离不开人民群众的实践，认识的正确与否要由人民群众的实践来检验。

（二）群众路线的实践探索

毛泽东曾说过一段经典名言："人民，只有人民，才是创造世界历史的动力。"在民主革命时期，他反复教育全党："我们共产党人区别于其他任何政党的又一个显著的标志，就是和最广大的人民群众取得最密切的联系。全心全意地为人民服务，一刻也不脱离群众；一切从人民的利益出发，而不是从个人或小集团的利益出发；向人民负责和向党的领导机关负责的一致性；这些就是我们的出发点。"他还说："应该使每个同志明了，共产党人的一切言论行动，必须以合乎最广大人民群众的最大利益，为最广大人民群众所拥护为最高标准。"

新中国成立后，针对党员干部队伍中存在的问题，毛泽东强调指出："共产党就是要奋斗，就是要全心全意为人民服务，不要半心半意或者三分之二的心三分之二的意为人民服务。"他要求党员特别是党员领导干部，在我们党执政后，要端正为人民服务的思想和态度。毛泽东在会见南斯拉夫外宾的时候，曾提出了"人民就是上帝"的思想观点。据在毛泽东身边负责拍摄工作人员的舒世俊回忆，毛泽东在一次调研中，严肃地对干部说："县太爷要为民办事，不能当官做老爷，不深入下层，只坐在家里听汇报，象牙塔里的干部是不了解民情的。"然后，毛泽东突然问陪同的地方领导："你们信不信上帝？"大家鸦雀无声，毛泽东接着对大家说："你们不信，我信！"干部们惊呆了，没有人说话。毛泽东看着大家说："这个上帝是谁？他就是人民！谁惹怒了上帝，上帝是不留情面的，他必然要垮台！"由此我联想到，在党的七大的闭幕词中，他讲过"上帝"的问题，那次他讲的是感动"上帝"的问题。他说，感动"上帝"，"上帝"会帮助我们搬走压在中国人民头上的帝国主义、封建主义两座大山。新中国成立后在考察、调研的谈话中，他所强调的是惹怒"上帝"的问题。他说，惹怒"上帝"，"上帝"会让脱离人民群众的党员领导干部最终垮台！作前一个讲话时，我们党正在团结和带领中国人民为夺取抗日战争的最后胜利而斗争。所以讲话强调的是有全国人民大众的支持，我们会取得最后的胜利。也就是要坚定全党的必胜信念。作后一个谈话时，我们党已经在全国取得政权并长期执政，正在团结和带领全国人民为社会主义革命和建设而奋斗。在这个时候谈话所强调的是要高度警惕各种脱离群众现象的发生，要求党的各级领导干部对此保持警觉。毛泽东提出的这个思想和对这个问题的阐述，从不同的角度强调了人民群众在社会历史发展中所起的重要作用，语言生动，比喻形象，内涵丰富，思想深刻，值得我们重视，值得我们思考。

这里我还想讲一个毛泽东要接近人民群众的小故事，从中可体会毛泽东作为党的领袖对密切联系群众的高度重视。1949 年，中共中央由河北省平山县西柏坡迁往北平（今北京）。他们一行到达颐和园时得知中央社会部为了毛泽东的安全，把人全部清理出去了。毛泽东知道后很生气，他对中央社会部的同志说："你蠢嘛！你把水全排干了，你那个鱼还讲什么安全？你就安安全全干死在那里，饿死在那里吧！"后来，毛泽东搬进了中南海，他很不习惯。有一天他想到郊区走一走。卫士说有纪律，没有批准不能去。毛泽东长叹一声说："哎，这个规定没有错，但把我和群众分隔开不行啊！我见不到群众就憋得发慌。我是共产党的主席，人民的领袖，见不到他们还算什么主席，算什么领袖？我们共产党人，我们各级领导是鱼，人民群众是水，鱼离不开水，离开水，鱼就要渴死！"1959 年 6 月 25日，毛泽东回到家乡韶山，这是他在参加革命几十年以后第一次回到家乡。他对陪同的公安部部长罗瑞卿提了三个要求：第一，不要派部队去韶山，也不要派公安人员去；第二，在行动上要给我自由；第三，到了韶山，我要广泛接见群众。在韶山，有一天他竟然与3000多人握了手。

我还想举一个有关彭德怀的例子来说明问题。在战争年代，彭德怀就说过："我们要像扫把一样供人民使用，而不要像泥菩萨一样让人民恭敬我们，称赞我们，抬高我们，害怕我们。菩萨看起来很威严、吓人，可是经不起一扫把打。扫把虽然是小物件，躺在屋角并不惹人注意，但是每一个家都离不了它。"虽然这话是在几十年前的战争年代讲的，但是它通俗易懂、简单明了，蕴含的深刻道理对我们正确认识和把握党群、干群关系具有重要的启迪和教育意义。

改革开放后，邓小平、江泽民、胡锦涛在多种场合、多次讲话中反复强调，共产党员如何对待群众，是一个根本立场问题、世界观问题、党性问题。党的全部任务和责任，党的一切工作的出发点和落脚点，都是为人民谋利益。人民，只有人民，才是我们工作价值的最高裁决者。以人为本、执政为民是检验我们党一切执政活动的最高标准。任何时候都要把人民利益放在第一位，把群众呼声作为第一信号，把群众需要作为第一选择，把群众满意作为第一标准。要权为民所用、情为民所系、利为民所谋，实现好、维护好、发展好最广大人民的根本利益。党的根基在人民，血脉在人民，力量在人民。正确的认识只能来源于群众的实践，正确的决策只有变成群众的自觉行动才能实现。领导干部要深入基层、深入群众、深入实际，尊重人民群众的创造，倾听人民群众的呼声，反映人民群众的意愿，集中人民群众的智慧和力量去发展我们的事业。带着感情，带着责任，去体察民情、体验民生、体会民意，问政于民、问需于民、问计于民。以人民群众拥护不拥护、赞成不赞成、高兴不高兴、答应不答应作为我们想问题、作决策的主要依据和判断是非的根本标准。

党的十八大以后，习近平总书记提出要改进作风，进一步密切党同人民群众的联系。他说："人民对美好生活的向往，就是我们的奋斗目标。"在中共十八届中央政治局第一次集体学习时的讲话中，他指出，密切党群、干群关系，始终是我们党立于不败之地的根基。一个政党，一个政权，其前途和命运最终取决于人心向背。如果我们脱离群众、失去人民拥护和支持，最终也会走向失败。我们要适应新形势下群众工作新特点、新要求，深入做好组织群众、宣传群众、教育群众、服务群众的工作，虚心向群众学习，诚心接受群众监督，始终植根人民、造福人民，始终保持党同人民群众的血肉联系，始终与人民心连心、同呼吸、共命运。要从人民伟大实践中汲取智慧和力量，办好顺民意、解民忧、惠民生的实事，纠正损害群众利益的行为。同时他指出，党风廉政建设，是广大干部群众始终关注的重大政治问题。"物必先腐，而后虫生。"近年来，一些国家因长期积累的矛盾导致民怨载道、社会动荡、政权垮台，其中贪污腐败就是一个很重要的原因。大量事实告诉我们，腐败问题愈演愈烈，最终必然会亡党亡国！我们要警醒啊！

随着形势和任务的变化，我们党对群众工作和群众路线的重要性认识越来越深刻，也越来越全面、越来越系统。

三、群众路线对党的极端重要性

（一）从党的历史看群众路线的重要性

历史事实表明，群众路线是党的生命线，是我们党的传家宝。什么时候党的群众路线贯彻执行得好，党群关系密切，我们的事业就发展、就前进；什么时候党的群众路线贯彻执行得不好，党群关系受到损害，我们的事业就停滞、就遭受挫折。回头总结我们党所走过的历程，可以得出这样一个重要的历史结论：我们党来自人民、根植于人民、代表人民、服务人民。人民是党的根基，是党的血脉，是党的力量源泉。我们党在革命、建设、改革时期取得的每一个成就和每一项胜利，都是人民群众支持的结果。我们党在前进道路上遇到的困难和挫折，之所以能够战胜和克服，也都是人民群众支持的结果。

比如，在解放战争中，我们获得了人民群众的支持而取得了胜利，就是最好的例证。全面内战爆发时，国民党军队总兵力约430万人，其中正规军有200多万人，国民党用于进攻解放区的有160多万人，他们的装备先进。而人民解放军总兵力是127万人，装备很差，得不到外援。胡宗南等进攻陕北的国民党军有25万人，陕北的人民军队只有2万多人。毛泽东、周恩来、任弼时率领的党中央和解放军总部机关继续留在陕北，随行的部队只有4个连。但是，由于有人民群众的支持，西北野战军在撤离延安45天后，取得了青化砭、羊马河、蟠龙镇三战三捷，歼敌1.4万余人。毛泽东等人转战陕北与敌人周旋。敌人成了聋子、瞎子，而我们成了"顺风耳""千里眼"。彭德怀当年就很感慨地说过一句话："人民恩重如山啊！"邓小平也曾自豪地说：三年解放战争打胜了，不是靠别的，正是靠长期的群众工作集中了一切力量才实现的。曾流传于河北省平山县被老百姓广泛传唱的支前民谣就是这一结论的生动解释。这个民谣唱道："最后一碗米送去做军粮；最后一尺布送去做军装；最后一件老棉袄盖在担架上；最后一个亲骨肉送去战场。"沂蒙山区也有一首相似的民谣。

我们的军队能打胜仗，如果没有严肃的纪律是不行的，是得不到老百姓拥护的。我们看一看，在战争年代，我们的党和军队为了密切同人民群众的关系是如何执行纪律的。这里，我举一个很典型的例子。1947年10月，刘邓大军千里挺进大别山。刘邓率司政机关来到鄂东黄冈的总路咀，发生了直属警卫团三连副连长赵桂良违纪"抢劫"民财的事件。当时，老百姓以为人民军队和国民党一样，害怕得都跑掉了。赵桂良带着两个人到店铺里面去，他拿了两匹布、一点粉条，还拿了几支毛笔、几张白纸。他拿布是想给连队的一个小战士做棉衣的，因为天已经很冷了，小战士穿得很单薄。粉条是想做给刘伯承吃的。毛笔和白纸是准备用来办连里板报的。但这违反了军纪。按当时的纪律规定，抢劫民财是要枪毙的。当情况报到首长那里去后，邓小平听到很难过，他说，军纪如山，谁也不能以身试法。当得知这个副连长本人提出一个请求，要求对他处决的事不要告诉他的母亲，因为他母亲已经70多岁了，就说他牺牲在战场上了。邓小平听完报告后说："可以考虑作为战场牺牲告诉家人。三国时，诸葛亮挥泪斩马谡，但优抚其妻儿。今天，我们也是硬把眼泪往肚里吞啊！"公判大会时，老百姓回来了，店铺老板哭喊着要求高抬贵手，刀下留人。许多老百姓都为副连长求情。但邓小平沉重而坚定地说，"事虽不大，但军纪如山，动摇不得！一个没有纪律的部队是没有战斗力的，是不会得到群众真心拥护的。尤其是目前情况下，纪律应该是铁、是钢，而不能是豆腐渣，不能一碰就碎！不能让人们说我们是虚张声势！所以我的意见，还是要坚决执行纪律！"执行军纪后，邓小平深深地自责说："此事不要通知地方政府，要按烈军属待遇照顾他的家庭。一个同志犯了错误，也是我们没有教育好，我们也有责任，对不起组织，对不起生养他、盼望他的老母亲。"严肃的军纪使我们的军队得到了人民群众的衷心拥护和支持，保证了我们的军队打胜仗。

我们党在民主革命时期从挫折中两次奋起也能说明这个问题。1927 年大革命失败以后，我们面临极大的危险。毛泽东在七大预备会上的讲话中讲道："第一次大革命的七年当中，党员的最高数字不超过六万人。被人家一巴掌打在地上，像一篮鸡蛋一样摔在地上，摔烂很多，但没有都打烂，又捡起来，孵小鸡。" 1934 年中央根据地第五次反"围剿"失败后，我们面临严峻的困难，被迫进行二万五千里长征，党员从 30 多万剩下不到 3 万，有组织的党员只有 2.5 万人左右。但是，我们党在人民群众的支持下克服困难、纠正错误、备尝艰辛、英勇奋斗，长征结束后，推动了全民族的团结抗日。从中可以看到群众路线对我党的极端重要性。从一定意义上可以讲，群众路线蕴含着我们党攻坚克难、克敌制胜的全部秘诀和秘密。

群众路线的问题实际上是如何对待、看待人民群众，如何处理好党和人民群众的关系的问题。我们党在长期的实践中形成了一条群众路线，形成了一系列的群众观点，形成了一个理论体系。在长期的实践中，我们党对这一关系的认识不断深化，还形成了许多生动和形象化的比喻。

如鱼水关系、血肉关系、瓜秧关系、舟水关系、树干树根关系、土地种子关系、主人公仆关系、先生学生关系、父母儿女关系、大地与安泰关系、工具与工具使用者关系，等等。这些深刻认识阐述了党与人民的不可分离性。鱼儿离不开水，瓜儿离不开秧，血肉密不可分，树不能断根，安泰不能脱离大地，水可载舟亦可覆舟，种子撒进了土地才能生根、开花，领导干部是人民的公仆，人民是我们的衣食、精神父母，先做群众的学生后做群众的先生，党是人民群众完成特殊历史任务的特殊工具。

（二）从苏共垮台和苏联解体的教训看群众路线的重要性

回顾和分析 20 世纪 90 年代以来世界上一些大党、老党失败的原因可以看出，失败的原因虽然复杂，但根本的原因是得不到人民群众的支持。这方面最典型的案例就是苏共垮台、苏联解体。苏联和苏共完全败在脱离人民群众上。苏共解散的时候，没有一个热血的党员站出来制止。当时的情景被西方的记者称为在"举行一场平静的葬礼"。当大多数人民群众认为这个党已经不能代表他们利益的时候，垮台和失败就是必然的。这里，有两组数字。一组数字是在苏联解体前有个报刊作的民意调查。调查显示，85%的人认为，苏共代表的是官僚阶层的利益。一组数字是苏共在20万党员时，取得十月革命的胜利；在200万党员时取得反法西斯战争的胜利；在近2000万党员时却被解散了。有人总结说，20万建国，200万卫国，2000万亡国。

1999年10月1日新中国成立50周年，举行了国庆庆典，习仲勋作为老一辈革命家被邀请登上天安门城楼，他在观看游行队伍的时候意味深长地说了两句话："江山就是人民，人民就是江山。"我认为这两句话对我们很有教育、启迪和警示的意义。

20世纪末和21世纪初，美国哈佛大学肯尼迪政府学院的教授约瑟夫·奈提出了一个观点——软实力。这个观点提出以后引起了全世界政界政要和学术界学人的极大关注。他在书中列举的最有说服力的证据就是东欧剧变、苏联解体。苏共垮台和苏联解体提供给我们一个沉痛的教训。前车之鉴，殷鉴不远。我认为中国共产党的群众路线就是我们党最大的、最根本的、最核心的软实力。如果我们把这个软实力保持住，我们党就能无往而不胜。所以，在任何时候、任何情况下，我们党的这个优势、这个传统不能丢、不能忘啊！这也是我们今天开展党的群众路线教育实践活动的意义所在。

四、开展党的群众路线教育实践活动的
重大意义、指导思想、主要任务和总要求

2013 年 6 月中央召开了工作会议，对在全党开展以为民、务实、清廉为主要内容的党的群众路线教育实践活动作出了部署。这是以习近平同志为核心的党中央贯彻落实党的十八大精神，加强和改进党的建设所采取的重大举措。在工作会议上，习近平总书记作了重要讲话。习近平总书记在讲话中深刻阐述了开展党的群众路线教育实践活动的重大意义。他指出，开展党的群众路线教育实践活动，是实现党的十八大确定的奋斗目标的必然要求，是保持党的先进性和纯洁性、巩固党的执政基础和执政地位的必然要求，是解决群众反映强烈的突出问题的必然要求。这三个"必然要求"，强调的就是开展党的群众路线教育实践活动的重大意义。

从我们党的历史看，其主要方面是党群关系密切，党的群众路线贯彻执行得好，但也有个别时期和个别方面贯彻执行得不好。从当前党的现状看，党的队伍的总的状况也是好的，绝大多数党员和领导干部是能够密切联系群众的，也是能够贯彻执行党的群众路线的，党群、干群关系基本上是好的。广大党员干部在改革发展稳定各项工作中冲锋陷阵、忘我奉献，发挥了先锋模范作用，赢得了广大人民群众的肯定和拥护。近年来，我们党涌现了一大批像孔繁森、杨善洲等为民、爱民的优秀党的领导干部，也涌现出一大批像李素丽、郭明义等为群众办实事、做好事的优秀共产党员。许多地方也按照中央的要求开展了形式多样的联系群众的活动。比如，党员联户制度、结对帮扶制度、进行民情家访制度、建立服务热线制度、组织爱心团队制度、推行农事村办机制、开展有奖批评制度等。这些好的做法进一步联系了群众，受到了群众的欢迎和好评。这是主流，必须肯定。

但是，毋庸讳言，党所处的历史方位发生了深刻变化，党的队伍特别是干部队伍的结构发生了深刻变化。前一个是变化的外因，后一个是变化的内因。内因外因相互交织并发生作用，使执政条件下党的群众路线的贯彻执行出现了新情况、新问题。面对世情、国情、党情的深刻变化，精神懈怠危险、能力不足危险、脱离群众危险、消极腐败危险更加尖锐地摆在全党面前，党内脱离群众的现象大量存在，集中表现在形式主义、官僚主义、享乐主义和奢靡之风这"四风"上。有一些领导干部和领导班子理想信念动摇，宗旨意识淡薄，精神懈怠；贪图名利，弄虚作假，不求实效；脱离群众，脱离实际，不负责任；铺张浪费，奢靡享乐，甚至以权谋私、腐化堕落。这些问题的存在严重损害党在人民群众中的形象，严重损害党群、干群关系，把党和人民群众的关系变成了"油水关系"，甚至变成了"水火关系"。水火是不相容的。如果不高度重视并认真解决这些问题，后果将不堪设想。

这次党的群众路线教育实践活动的主要内容是"为民、务实、清廉"。为民，是党的群众路线的核心问题，更是新的历史方位对我们党进行的深刻检验，是贯彻执行党的群众路线的目的。务实，是党的群众路线的本质特征，更是新的历史条件下改进作风的紧迫任务，是贯彻执行党的群众路线的途径。清廉，是党的群众路线的基本要求，更是在新的考验面前党要解决的严峻课题，是贯彻执行党的群众路线的保障。为民，才能体现党的政治本色。务实，才能发扬党的优良传统和作风。清廉，才能"打铁必须自身硬"，取信于民，赢得人心。我们这样一个大党，不在于党员数量的多少，关键是党员的质量要高。质量问题就是要打铁。首先谁要打铁？共产党员要打铁、共产党的干部要打铁。"打铁必须自身硬"，硬要硬在理想信念上，硬在执政能力上，硬在工作作风上，硬在清正廉洁上。

这次党的群众路线教育实践活动首先由中央政治局带头开展。中央政治局发挥领导作用的一项基本要求，就在于要求别人做到的首先自己做到，要求别人不做的自己绝对不做。按照中央对开展党的群众路线教育实践活动的部署和要求，要把贯彻落实中央八项规定精神作为切入点，进一步突出作风建设，坚决反对形式主义、官僚主义、享乐主义和奢靡之风。着力解决人民群众反映强烈的突出问题。提高做好新形势下群众工作的能力。保持党同人民群众的血肉联系，发挥党密切联系群众的优势，为推动经济持续健康发展，为实现中华民族伟大复兴的中国梦提供坚强的保证。

这次党的群众路线教育实践活动的主要任务是聚焦作风建设，集中解决"四风"问题。"四风"问题解决好了，党内其他问题的解决就有了更好的条件。习近平总书记在讲话中强调，伤其十指不如断其一指。这个思想是毛泽东在土地革命战争时期反"围剿"的时候提出来的。这次主要是反"四风"，从改进作风，贯彻中央的八项规定切入。习近平总书记讲，这八项规定不是最高的标准，也不是最终目的，只是对一个党员干部的基本要求。聚焦这"四风"，就是要解决一些突出的问题。教育实践活动采取的主要方法是中央带头、自上而下。基本的规定动作是三个环节：学习教育、听取意见；查摆问题、开展批评；整改落实、建章立制。总要求是四句话、十二个字："照镜子、正衣冠、洗洗澡、治治病"。要达到的目标是四个"进一步"：使党员、干部的思想进一步提高；使作风进一步转变；使党群、干群关系进一步密切；使为民务实清廉形象进一步树立。

最后我说几句结束语：1934年1月，当我们党和红军的力量还十分弱小，强大的敌人正在"围剿"我们的时候，毛泽东曾经说了一段很有预见、很有见地、也很有思想深度的话："真正的铜墙铁壁是什么？是群众，是千百万真心实意地拥护革命的群众。这是真正的铜墙铁壁，什么力量也打不破的，完全打不破的。反革命打不破我们，我们却要打破反革命。在革命政府的周围团结起千百万群众来，发展我们的革命战争，我们就能消灭一切反革命，我们就能夺取全中国。"他讲完这话，过了 15 年，新中国诞生了。今天，当我们已经取得了举世瞩目的伟大成就，站在新的历史起点的时候，我们也可以自信地说，实现中华民族伟大复兴的中国梦的智慧和力量在哪里？在中国人民中，在亿万有梦、追梦、圆梦的中国人民中。只要我们在党的坚强领导下，紧密团结起来，万众一心，众志成城，中华民族伟大复兴的中国梦就一定能实现！中华民族就一定能为人类文明作出我们应有的更大的贡献！

（原载宣讲家网，2014 年 2 月 21 日）

责任编辑：王世勇

图书在版编目（CIP）数据

八项规定何以改变中国 / 曲青山著. -- 北京：人民出版社，

2025.8-- ISBN 978-7-01-027467-6

Ⅰ. D261.3

中国国家版本馆 CIP 数据核字第 2025G8H511 号

八项规定何以改变中国

BAXIANG GUIDING HEYI GAIBIAN ZHONGGUO

曲青山　著

人民出版社　出版发行

（100706　北京市东城区隆福寺街 99 号）

环球东方（北京）印务有限公司印刷　新华书店经销

2025 年 8 月第 1 版　2025 年 10 月北京第 2 次印刷

开本：710 毫米 ×1000 毫米 1/16　印张：13

字数：180 千字

ISBN 978-7-01-027467-6　定价：59.80 元

邮购地址　100706　北京市东城区隆福寺街 99 号

人民东方图书销售中心　电话（010）65250042　65289539